एक शे'र अर्ज़ किया है

संकलन-200

एक शे'र अर्ज़ किया है
200
Jan 20, 2024
200th

एक शे'र अर्ज़ किया है

संकलन-200

सम्पादक

अशोक सिंह

वाणी प्रकाशन

प्रकाशन के उत्कृष्टतम 60 वर्ष

vaniprakashan.com

प्रथम संस्करण : 2023

वाणी प्रकाशन

4695, 21-ए, दरियागंज, नयी दिल्ली-110 002

फ़ोन : +91 11 23273167, 23275710

शाखाएँ

अशोक राजपथ, पटना-800 004, बिहार

कॉफ़ी हाउस कैम्पस, महात्मा गांधी मार्ग, इलाहाबाद-211 001, उत्तर प्रदेश

महात्मा गांधी अन्तरराष्ट्रीय हिन्दी विश्वविद्यालय, वर्धा-442 001, महाराष्ट्र

36/ए, शेक्सपियर सरणी, रानी बिरला गर्ल्स कॉलेज के पास, कोलकाता-700 017, प. बंगाल

sales@vaniprakashan.in
vaniprakashan@gmail.com

Ek Sher Arz Kiya Hai : Sanklan-200
Edited by Ashok Singh

ISBN : 978-81-19353-40-8
Ghazal Collection

मूल्य : ₹ 495

आर. टेक ऑफ़सेट प्रिंटर्स, दिल्ली-110 032 में मुद्रित

वाणी प्रकाशन का लोगो मक़बूल फ़िदा हुसेन की कूची से

अनिमेष शर्मा 'आतिश'

जब मार्च 2020 में कोरोना महामारी के कारण लॉक डाउन लगा दिया गया तो घर में बैठे रहने के कारण कुछ ही दिनों में लोगों के भीतर एक प्रकार की बेचैनी शुरू हो गयी। परिणाम स्वरूप ऑन लाइन काव्य गोष्ठियाँ शुरू हुईं। तभी हमारा 'एक शे'र अर्ज़ किया है' साप्ताहिक मुशायरा शुरू हुआ जो पिछले 200 सप्ताह से अनवरत चल रहा है। 100 मुशायरों के बाद एक संकलन पहले ही आपको सौपा जा चुका है और यह जो संकलन इस समय आप के हाथों में है इसमें 101वें मुशायरे से लेकर 200वें मुशायरे तक हमारे सदस्यों द्वारा तरही मिसरों पर कही गयी चुनिंदा गज़लें शामिल हैं। इस पुस्तक की विशेषता यह है कि एक तरही मिसरे पर आपको अलग-अलग सदस्यों के अलग-अलग रंगों के सैकड़ों शे'र एक ही जगह मिलेंगे।

ऐसे तो अभी तक हुए 200 मुशायरे और 2 संकलनों का प्रकाशन सभी सदस्यों के सामूहिक प्रयास का फल है किंतु यह अधूरा सच है! वास्तव में यह सब श्री अशोक सिंह जी के अथक प्रयास और शत प्रतिशत वित्तीय योगदान का फल है। यह श्री अशोक सिंह जी की आत्मीयता का ही चमत्कार है कि हर सदस्य समूह को अपना समूह मानता है और हर शनिवार 4-3 घंटे प्रसन्नता पूर्वक मुशायरे में उपस्थित रहता है। मैं दुआ करता हूँ कि अशोक सिंह जी के नेतृत्व में 'शे'र अर्ज़ किया है' मुशायरा ऐसे ही होता रहे और सभी सदस्य इसी प्रकार अशोक जी को सहयोग प्रदान करते रहें।

हम लोग अपना योगदान दे चुके। परिणाम स्वरूप यह संकलन आपके हाथों में है। आप पाठक है। अब आपके योगदान की बारी है। कृपया आप अपनी प्रतिक्रिया और सुझाव अवश्य प्रेषित करें। शुभ कामनाओं सहित!

—अनिमेष शर्मा 'आतिश'

'अनुकंपा', SG118-, शास्त्री नगर, ग़ाज़ियाबाद (यू पी)

मनोज अबोध

हालांकि, मैं 'एक शे'र अर्ज़ किया है' ऑनलाइन अंतरराष्ट्रीय मुशायरा कार्यक्रम से बड़े भाई ओमप्रकाश यती जी के माध्यम से काफी बाद में जुड़ा, लेकिन जब जुड़ा तो इस मंच पर जो बेलौस मुहब्बतें, बेतकल्लुफी और उसके साथ-साथ बेहतरीन शायरी थी, उसका मज़ा मुझे भी आने लगा, इस अहसास को चंद अल्फ़ाज़ में बयां करना मैं समझता हूं कि बड़ा मुश्किल काम है। इस मंच के संस्थापक–संयोजक, न्यूयॉर्क से भाई अशोक सिंह जी, उनका अंदाज़, आपको प्रस्तुत करने का मुहब्बत–भरा उनका लहज़ा, बेशकीमती दोस्ती में न जाने कब तब्दील हो जाता है, ये पता ही नहीं चलता। और अशोक जी ही नहीं, 'एक शे'र अर्ज़ किया है' से दुनिया के अलग-अलग देशों से हिंदी–उर्दू ज़बान और शायरी से बे-साख़्ता मुहब्बत करने वाले तमाम लोग जो जुड़े हुए हैं, वे न जाने कब एक दूसरे के सुख-दुख और हँसी–ठिठोली में एक परिवार की तरह जुड़ जाते हैं। इसका एहसास सिर्फ़ तब होता है, जब एक दो हफ्ते भी किसी वज़ह से आप इस कार्यक्रम से बाहर रहते हैं। यहां स्थापित और ख़ुद-मुख़्तार शायर नए शायरों और मुझ जैसे कच्ची कहन वाले लोगों का मज़ाक नहीं उड़ाते, बल्कि स्नेह से, अपनत्व से उन्हें बेहतर कहने को प्रेरित करते हैं, यह इस पटल की ख़ास ख़ूबी है।

हर दूसरे हफ़्ते मिसरा देने की ज़िम्मेदारी मेरी है, इसके अलावा मुझे कई मौकों पर 'एक शे'र अर्ज़ किया है' का संचालन करने का मौका भी मिला, और सच तो ये है कि पिछले कुछ महीनों में ग़ज़ल के नाम पर जो कुछ भी लिख पाया हूँ, उसमें 'एक शे'र अर्ज़ किया है' का बहुत बड़ा योगदान है। यह पटल और इसका दायरा, जैसे भी हो, आपको कुछ नया कहने, कुछ नया लिखने के लिए बाध्य करता है और इस मानी में यह किसी अंतरराष्ट्रीय स्कूल से कम नहीं। फेसबुक और यू ट्यूब के माध्यम से आपकी परफॉर्मेंस संसार भर के शायरी पसंद लोगों के लिए हमेशा उपलब्ध रहती है, यह श्री अशोक सिंह और शायद उनकी 'वन मैन टीम' की

मुसलसल मेहनत से ही संभव है। और इसी का एक नया उदाहरण ये संकलन है, जो आपके हाथों में है। इस किताब को पढ़ने के बाद आप स्वीकार करेंगे कि मैंने ऊपर जो कुछ कहा है, वो बहुत कम है।

—मनोज अबोध
E-1101, स्टेलर एमआई सिटीहोम्स,
ओमिक्रोन 3, ग्रेटर नोएडा 201310, भारत

अनमोल शुक्ल 'अनमोल'

'एक शे'र अर्ज किया है' के आभासी मंच पटल पर 101 से 200वें कार्यक्रम में दिए गए तरही मिसरों पर अपनी सहभागिता दर्ज कराने वाले जिन नवोदित व प्रस्थापित शाइरों की ग़ज़लें इस संकलन में समाहित हैं वो निकट भविष्य में एक 'मील का पत्थर' बनकर आने वाले समय के रचनाकारों को ग़ज़ल लेखन के प्रति एक अतिरिक्त ऊर्जा प्रदान करेंगी, ऐसा मेरा मानना है।

इस ग़ज़ल संग्रह के एक ही मिसरे पर कही गई ग़ज़लों में विभिन्न रचनाकारों के ख़याालात की विविधता इसे अतिरिक्त विशिष्टता प्रदान करती है। मैं इसका हिस्सा बनकर स्वयं को सौभाग्यशाली मानता हूँ एवं इस भागीरथ प्रयास के लिए श्री अशोक सिंह जी को हार्दिक बधाई व शुभकामनाएँ देता हूँ।

ग़ज़ल के प्रति उनका ये अनथक प्रेम यूँ ही बना रहे, इसी कामना के साथ;

—अनमोल शुक्ल 'अनमोल'
ज्ञान सदन, हरदोई (उ०प्र०) भारत

सज्जाद अख़्तर

जुनून क्या है? जागती आँखों से कोई ख़्वाब देखना, उस ख़्वाब को दिल में पालना, ख़ूने दिल से उसकी परवरिश करना, उसकी ताबीर को ज़िंदगी का मक़सद बना लेना और फिर उस मक़सद की तकमील की ख़ातिर दिन, हफ़्ते, महीने, साल सर्फ़ कर देना, और फिर भी डटे रहना।

क्या आप एक होशमंद जुनूनी इंसान देखना चाहते हैं? तो आइये भारतीय समयानुसार किसी भी शनिवार की शाम 'एक शे'र अर्ज़ किया है' की महफ़िल में। वहाँ आपको घुंघराले बालों वाला, चेहरे पे मधुर मुस्कान लिए एक अदबी जुनूनी मिलेगा, जो प्रेम से सराबोर नपे तुले शब्दों में वहाँ बैठे सभी दीवानों को एक एक कर संबोधित कर रहा होगा। दुनिया की गहमा गहमी से दूर उर्दू अदब और हिंदी साहित्य की इस बज़्म में ये दीवाने आपको अपने शब्दों के जादू से बिन पिये मदहोश कर देंगे और तीन घंटे बाद जब आप उठेंगे तो जिस खालीपन का अहसास आपको होगा उसी खालीपन को भरने के लिए ये सब पूरे एक सप्ताह, पूरे सात दिन, पूरे 168 घंटे, पूरे 10080 मिनट यानी पूरे 604800 पल इंतज़ार करते हैं। मगर इस लंबे इंतज़ार के बाद भी उस महफ़िल में पहुँचते ही लगता है कि इससे भी ज़्यादा इंतज़ार किया जा सकता था।

यह सब अतिशयोक्ति नहीं है। 'एक शे'र अर्ज़ किया है' के स्वप्निल संसार में उर्दू शायरी और हिंदी कविता के जादुई खेल की यह श्रृंखला 200 हफ़्तों से अनवरत जारी है। इससे जुड़ना सौभाग्य की बात है, इसमें अपनी रचना प्रस्तुत करना गौरव की बात है और इसका संचालन करना तो इतराने की बात है। और मुझे यह बताते हुए बेहद ख़ुशी है कि मैं इससे जुड़ा हुआ हूँ, हर दो हफ़्ते में मिसरा देने का दायित्व भी निभाता हूँ, रचनाएँ प्रस्तुत करने का गौरव भी मुझे प्राप्त हुआ है और कभी कभी इतराता भी हूँ। 200 हफ़्ते पूर्ण होने के उपलक्ष में प्रकाशित होने वाली पुस्तक के लिए मैं अपनी हार्दिक शुभकामनाएं पेश करता हूँ।

—सज्जाद 'अख़्तर'

नई दिल्ली, भारत

संपादकीय

हृदय सिंधु मति सीप समाना, स्वाति सारदा कहहिं सुजाना। यानि कि बुद्धिमान लोग हृदय को समुद्र, बुद्धि को सीप और सरस्वती को स्वाति नक्षत्र के समान कहते हैं।

'एक शे'र अर्ज़ किया है' के 200वें संस्करण में एक बार फिर से भारतीय कविता की अस्मिता के प्रतीक, संत कवि गोस्वामी तुलसीदास रचित चौपाई की याद आती है। तुलसीदास लोकमंगल की साधना के कवि हैं, समन्वय के कवि हैं। 'एक शे'र अर्ज़ किया है' ने भी पिछले चार वर्षों में जिस लगन से काव्य के भाव-जगत में अपना योगदान दिया है, वह सांस्कृतिक और सामाजिक दृष्टि से बहुत व्यापक है। इस योगदान में समन्वय को इख़्तियार दिया गया है, प्राथमिकता दी गई है। इसमें लगन से जुड़े हुए रचनाकारों के मानस में मानव प्रकृति और जगत संबंधी गहरी अन्तर्दृष्टि का व्यापक समावेश रहा है।

'एक शे'र अर्ज़ किया है' पिछले दो सौ हफ़्तों से, हर हफ़्ते पूरी दुनिया को नियमित रूप से एक उत्कृष्ट साहित्यिक, मनोरंजक और शायरी के ख़ुमार से शराबोर कर देने वाले कार्यक्रम देता रहा है। सौ कार्यक्रम पूरे होने के बाद आशंका थी कि इस अद्भुत अभियान की लौ शायद कुछ मद्धिम पड़ जाए, लेकिन अचरज की बात है कि हम अपने जीवन काल में ही इस गौरवमयी कार्यक्रम के दो सौ प्रकरण देख पा रहे हैं। यह संकलन एक सौ से दो सौ के कार्यक्रमों के बीच, शायरों द्वारा की हुई रचनाओं की एक महज़ छोटी सी बानगी है। इस यात्रा में भी सारे नियम पूरे अनुशासन के साथ लागू रहे, और जिस साप्ताहिक रख-रखाव की ज़रूरत थी, उसे पूरी निष्ठा के साथ निबाहा गया। पिछले १०० हफ़्तों में, एक बार फिर से 200 मिसरों पर शिरकत की गई, 2500 से अधिक ग़ज़लें पटल के शाइरों द्वारा लिखी गईं, काव्यपाठ के लिए

सात महाद्वीपों से हिंदी व अहिंदी भाषी कवियों की 2500 भागीदारियाँ रहीं, 350 घंटों से अधिक का काव्यपाठ हुआ, 100 से अ=अधिक यू-ट्यूब वीडियो बना कर पब्लिश किए गए, आला दर्जे के गायक देश और विदेश से जुड़े, साहित्य और जीवन के कभी न ख़त्म होने वाले उत्सव मनाए गए।

इस प्रोग्राम को सुचारु रूप से चलाने और अंततः इस मुक़ाम तक लाने के लिए कुछ अहम् और समर्पित लोगों के नाम लेना भी ज़रूरी है; संरक्षण की भूमिका में अनिमेष शर्मा जी, ओम प्रकाश यती जी (एक अरसे तक), अनमोल शुक्ल 'अनमोल' जी, सज्जाद अख़्तर जी, मनोज अबोध जी ने हर सप्ताह ठीक समय पर मिसरे देने का अपना दायित्व बखूबी निभाया। और इतनी मुस्तैदी से कि पिछले 200 हफ़्तों में कोई भी मिसरा कभी भी दोहराया नहीं गया। इसके अलावा वो सभी विशिष्ट लोग जिन्होंने सामयिक अंतराल पर संचालन की ज़िम्मेदारी उठाते हुए कार्यक्रम को निरंतर विविधता प्रदान की। कई नये लोग जुड़े, कुछ पुराने लोगों ने साथ छोड़ा, लेकिन लेकिन कभी भी पारस्परिक आत्मीयता में कोई कमी नहीं आई। और अब, जब कि इन सभी लोगों के सम्मिलित प्रयास कार्यक्रम को दो सौवें पायदान तक ले कर आ गए हैं, तो एक विशेष उत्साह होना स्वाभाविक ही है।

इस पुस्तक के बारे में कुछ यूँ कहना लाज़मी होगा कि साहित्य जगत में ऐसा प्रयोग शायद ही पहले किया गया हो। पिछले 100 हफ़्तों के दौरान दिये हुए मिसरों में से चुनिंदा 25 मिसरों को लेकर जिन शायरों की भागीदारी रही है, उसे इस किताब में ले कर आना, अपने आप में एक उपलब्धि है। एक ही ज़मीन पर लिखे हुए अश'आर अलग अलग शायरों ने बिना झिझक एक साथ रखने की जो उदारता दिखाई है, वो सराहनीय है। और इसी लिए हर मिसरा एक विस्तृत विषय बन गया है। प्रति मिसरे, कम से कम चार और अधिकतम १६ ग़ज़लें इस पुस्तक में हैं, जो शायरों के भाव विस्तार को दर्शाती हैं। इन ग़ज़लों की विविधता पाठकों को विस्मित और आह्वलादित ज़रूर करेंगी।

अंत में मैं विस्तृत आभार, कार्यक्रम से जुड़े हुए उन सभी लोगों के योगदान के लिए, जिन के सहयोग के बिना ये यात्रा, ये कारवाँ, ये सतत उत्सव, दो सौवें हफ़्ते के समारोह का पड़ाव सम्भव नहीं था। और इसी ख़ास मौक़े पर सौ से दो सौ हफ़्तों के बीच के 25 चुनिंदा मिसरों पर ग़ज़ल के गुलदस्ते भी आप के समक्ष रख रहा हूँ, आशा है कि इसे भरपूर स्वीकृति और प्रशंसा मिलेगी। ये कारवाँ

उम्मीद है यहाँ से आगे भी चलता रहेगा, और फ़न, फ़िक्र की नायाब पेशकश ले कर शायद एक बार फिर से हाज़िर हो, तब तक के लिए इस ख़याल के साथ आप से एक बार फिर विदा लेते हैं;

कहीं मैं उससे मिल के हो न जाऊँ इतना मुतमईं,
कि बाद इसके बाक़ी फ़िक्र हो न शाइरी मेरी।

—अशोक सिंह
न्यू यॉर्क, यू एस ए

अनुक्रम

और अब गजलें...

नहीं था मुमकिन सहेज पाना, तुम्हारी बातें, तुम्हारे जज़्बे,
'जो कह सका था वो कह चुका हूँ, जो रह गया है वो शायरी है'

—अशोक सिंह

1

अब हमसे कोई जाम उठाया नहीं जाता

मात्राभार : 221 1221 1221 122
अरकान: मफ़ऊलु मफ़ाईलु मफ़ाईलु फ़ऊलुन

आँखों से पिलाते रहो साग़र में न डालो
अब हम से कोई जाम उठाया नहीं जाता
—अब्दुल हमीद अदम

मिसरा : अनिमेष शर्मा 'आतिश'

ग़ज़लें

अमर त्रिपाठी, भारत
अशोक सिंह, अमेरिका
आलोक अविरल, भारत
दिगम्बर नासवा, मलेशिया
राम प्रकाश यती, भारत

जो सोचते हो सबसे बताया नही जाता,
गलती को घर अपने ही छुपाया नही जाता।

सम्मान करे उसको तो सम्मान से देखो,
रिश्ता कभी तल्ख़ उनसे बनाया नही जाता।

कहता है कोई कुछ तो उसे कहने दो यारो,
हर बात पे सवाल उठाया नही जाता।

मेहमान बन के आए तो मेहमान से रहो,
बन करके घर का ख़ुद को दिखाया नही जाता।

बालों में सफ़ेदी का भी कुछ मान हो दिल में,
'अब हमसे कोई जाम उठाया नही जाता'।

जो रस्म है रिवाज है संसार के मानो,
सूखे हुए फूलों को सजाया नही जाता।

बस साफ़ साफ़ कहने की आदत है 'अमर' को,
दिल में भले इज़्ज़त हो जताया नही जाता।

— **अमर त्रिपाठी, भारत**

वादा-ए-वफ़ा और निभाया नहीं जाता,
है नक़्श जो दिल में वो तराशा नहीं जाता।

थक चूर हुए अज़्म इरादे सभी दिल के,
अब और तो पीछे तेरे भागा नहीं जाता।

सर पे जो उठा रक्खा है इक आसमाँ उसने,
इकदम से ज़मीं पर तो उतारा नहीं जाता।

पहरे से लगा रक्खे मेरे बोल पे उसने,
महफ़िल में अगर चाहूँ भी बोला नहीं जाता।

दिल तो करे ये फूट के रोऊँ मैं ज़ार ज़ार,
कहती है अना इश्क़ में रोया नहीं जाता।

मख़मूर हुए जाते हैं लम्हात गुमाँ से,
'अब हमसे कोई जाम उठाया नहीं जाता'।

पहलू में वो बैठे हुए मख़मूर फ़िज़ा है,
कल होगा क्या ये सोच में लाया नहीं जाता।

क्या कुछ यहाँ जीवन के गुज़र में नहीं देखा,
अब और तमाशा कोई देखा नहीं जाता।

— **अशोक सिंह,** अमेरिका

आते नहीं वो ख़ुद से कि आया नहीं जाता,
जाते नहीं हैं हम भी कि जाया नहीं जाता।

ख़्वाहिश तो बहुत है कि मिला जाए भी उनसे,
मिलते भी मगर हमको बुलाया नहीं जाता।

हाँ हमने उठाई है क़सम माँ की अज़ीज़ों,
'अब हमसे कोई जाम उठाया नहीं जाता'।

लम्हा कि जुदा जिसमें हुआ था वो अचानक,
लम्हा वो कभी दिल से भुलाया नहीं जाता।

तीखा भी कोई ऐसा मिलाता है ग़ज़ल में,
इक शे'र भी होंठों से लगाया नहीं जाता।

—**आलोक अविरल,** भारत

पल पहली मुहब्बत का भुलाया नहीं जाता,
ख़त यूँ ही दराज़ों में छुपाया नहीं जाता।

जंगल में कई मेमने यह पूछ रहे हैं,
क्यों घास कभी शेर से खाया नहीं जाता।

मुमकिन है मुझे भेजा हो पैग़ाम किसी ने,
बे-बात कबूतर यूँ उड़ाया नहीं जाता।

सागर से निकलते हुए अमृत का हूँ आदी,
'अब हमसे कोई जाम उठाया नहीं जाता'।

पाना है जो छुटकारा ज़रूरी हैं अंधेरे,
इस धूप में तो जिस्म से साया नहीं जाता।

उगते हैं जो गमलों में सभी पूछ रहे हैं,
क्यों गमले में जामुन को लगाया नहीं जाता।

माना के डिनर बुक है मगर छोड़ के उनको,
यूँ चाँद की टैरस पे तो जाया नहीं जाता।

आ चल के कहीं ढूँढ लें पशुओं में मिले तो,
इंसानों में इंसान तो पाया नहीं जाता।

—**दिगम्बर नासवा,** मलेशिया

जो युद्ध अगर रात से ठाना नहीं जाता,
तो मानिए ये दूर अँधेरा नहीं जाता।

उगने ही हैं सहरा में भी फलदार बग़ीचे,
ये बहता पसीना कभी ज़ाया नहीं जाता।

नफ़रत की हवा आग लगाती है बदन में,
भठ्ठी पे कभी ख़ून उबाला नहीं जाता।

मैं जब भी चला साथ लिए माँ की दुआएँ,
तूफ़ान से भी रास्ता रोका नहीं जाता।

जब दर्द की औषधि नहीं हो पास तुम्हारे,
तब ज़ख्म किसी का भी कुरेदा नहीं जाता।

कुदरत ने हमें क्या नहीं उपहार दिया है,
यह बात अलग है कि सहेजा नहीं जाता।

बिकने है लगी यार पिताजी की धरोहर,
'अब हमसे कोई जाम उठाया नहीं जाता'।

निष्पक्ष 'यती'एक दफ़ा हो गए जब से,
पंचायतों में हमको बुलाया नहीं जाता।

—**राम प्रकाश यती,** भारत

2

किसी के काम न आएगा अधजला काग़ज़

मात्राभार: 1212 1122 1212 22
अरकान: मुफ़ाइलुन फ़इलातुन मुफ़ाइलुन फ़ेलुन

मिसरा: सज्जाद अख़्तर

ग़ज़लें

अशोक सिंह, अमेरिका
प्रगीत कुँअर, ऑस्ट्रेलिया
राम प्रकाश यती, भारत
दिगम्बर नासवा, मलेशिया
ममता किरण, भारत
सज्जाद अख़्तर, भारत

ज़ुबाँ पे किसको भरोसा जो गुम हुआ काग़ज़,
कहाँ से लाऊँगा लिख कर के बा-सफ़ा काग़ज़। *सीधा, सच्चा,

हर एक बार किया वादा पर निभाता नहीं,
ज़रूर जेब में रखता वो बे-वफ़ा काग़ज़।

कफ़स से जिसमें रिहाई के राज़ लिख के दिए,
उसे गवारा नहीं भी वो खोलना काग़ज़।

शफ़क़ है फूल हैं शबनम है कहकशाँ भी है,
कहाँ से हुस्न का लाएँगे महकता काग़ज़।

निकाल रख दिया सबने ही कलेजा अपना,
न जाने क्या से क्या हरदम ही झेलता काग़ज।

बहुत क़रीने से लिक्खा था जिसमें कल अपना,
वो आज कौड़ियों के दाम बिक गया काग़ज़।

ये तिल का ताड़ बना दे न आधी बातों से,
'किसी के काम न आयेगा अध-जला काग़ज़'।

हुई हैं गिनती की तदबीरों को फ़क़त हासिल,
रहा है बाक़ी का अंजाम क्या सिवा काग़ज़।

— **अशोक सिंह,** अमेरिका

मिला था भगवा हमें मिल गया हरा काग़ज़,
कहीं न ढूँढ सके पर सफ़ेद सा काग़ज़।

ये कह के तोड़ा-मरोड़ा लगाई इक ठोकर,
'किसी के काम न आएगा अध-जला काग़ज़'।

न जाने कितने ही जंगल मिटाने पड़ते हैं,
इस एक बात पे लिखने से रह गया काग़ज़।

कभी तो इश्क़ लपेटे हमें भी मिल जाए,
हसीन लफ़्ज़ उड़ाता हुआ खुला काग़ज़।

कहो तो मैं भी इसे प्रेम-पत्र अब कह दूँ,
किताब में जो मिला 'लव यू' बोलता काग़ज़।

तमाम कोशिशें इसको जला नहीं पाईं,
तुम्हारा नाम लिखा और सुलग उठा काग़ज़।

बदल दी स्याही सरे-आम किसने बे-रंगी,
क़लम भी लिख न सकी बात रो पड़ा काग़ज़।

अभी तो रंग लगाया था हल्का नीला सा,
लो आसमान से मिलने को उड़ चला काग़ज़।

—**दिगम्बर नासवा,** मलेशिया

जो अपने हाथ से तुमने मुझे लिखा काग़ज़,
छिपा वो मैंने किताबों में रख लिया काग़ज़।

हमारे दिल की कहानी तुम्हें बता देगा,
हमारी आँख के आँसू से भीगता काग़ज़।

उड़े दिलों के जो पंछी इधर-उधर ले के,
हमारे हाथ से उस हाथ में उड़ा काग़ज़।

हुई जो आँख मेरी बंद तो मेरा लिक्खा,
बिना ही भाव के रद्दी में बिक गया काग़ज़।

हमारे दिल के भी टुकड़े हुए थे उतने ही,
कि जितना आपने टुकड़ों में था किया काग़ज़।

—**प्रगीत कुँअर,** ऑस्ट्रेलिया

वो एक झूठ की तहरीर से लिखा काग़ज़,
हुआ जो पेश तो शर्मिंदा सा हुआ काग़ज़।

सफ़र कहाँ से कहाँ तक का करता रहता है,
कभी लिफ़ाफ़ा कभी नाव बन चला काग़ज़।

जो कह सकी न किसी और से कहा तुमसे,
हर एक बात को बस तुमने ही सुना काग़ज़।

हुईं जो लकड़ियां सीली तो जलना मुश्किल था,
जलाने उनको कई बार फिर जला काग़ज़।

बरतते किस तरह हो ये तुम्हीं पे निर्भर है
तुम्हारे हाथ है कोरा सा जो थमा काग़ज़।

हुआ तो कुछ भी नहीं था अभागे गांवों में,
ख़बर विकास की लेकर मगर गया काग़ज़।

था इंतज़ार मुझे जिस ख़बर का शिद्दत से,
उसी ख़ुशी की ख़बर ले के आ गया काग़ज़।

था हालचाल उसमें नक्श मेरी बिटिया का
बहुत ही ख़ास था लाया जो डाकिया काग़ज़।

हुआ ज़माना ये की-बोर्ड औ स्क्रीन का क्यों,
'पढ़ेगा कौन हमें' कह के रो पड़ा काग़ज़।

—ममता किरण, भारत

क़लम न चल सकी अश्क़ों से ही लिखा काग़ज़,
जो बात कहनी थी माँ को वो कह गया काग़ज़।

रसूख़दार ही अब कुर्सियों पे बैठेंगे,
हैं डिग्रियाँ सभी इस दौर में निरा काग़ज़।

हवा के झोंके भी जिसको डरा दिया करते,
बँधा जो जिल्द में तूफ़ान से लड़ा काग़ज़।

बना जहाज़ जो ख़त भेजा था कभी उसने,
लगा के सीने से रखता हूँ वो मुड़ा काग़ज़।

बड़ा उसूलों का पक्का लगा मुझे बाबू,
दिखाई देते ही पैसे बढ़ा दिया काग़ज़।

मेरे नसीब की जानम तू पट कथा लिख दे,
मेरी ये ज़िन्दगी है अब भी अनलिखा काग़ज़।

तमाम क़िस्सा करो या तो बख़्श दो इसको,
'किसी के काम न आयेगा अधजला काग़ज़'।

—**राम प्रकाश यती,** भारत

तमाम रात किसी को लिखा गया काग़ज़,
किसी के अश्कों से भीगा था अधजला काग़ज़।

तुम्हारे नाम से पहले तो भर दिया काग़ज़,
और अब वो चूमता फिरता है मलगजा काग़ज़।

लहू से पहले लिखा अपना हाले दिल हमने,
फिर उसके नाम से मंसूब कर दिया काग़ज़।

मुझे भी याद नही मैने क्या लिखा तुमको,
फिर इत्तेफाक़ से तुमने भी खो दिया काग़ज़।

कुछ इस तरह मिरे जज़्बात को पढा उसने,
क़लम ख़मोश रही और रो पडा काग़ज़।

दिल अपना हो गया खाली यूँ उसकी यादों से,
कि जैसे मिट गयी तहरीर रह गया काग़ज़।

तमाम उम्र जिसे ख़ुद न कह सके 'अख़्तर',
कहाँ से बात वो समझायेगा भला काग़ज़।

—सज्जाद अख़्तर, भारत

3

जो रहबर हैं वो रहज़नी कर रहे हैं

मात्राभार: 122 122 122 122
अरकान: फ़ऊलुन फ़ऊलुन फ़ऊलुन फ़ऊलुन

मिसरा : अनिमेष शर्मा 'आतिश'

ग़ज़लें

अमर त्रिपाठी, भारत	अशोक सिंह, अमेरिका
दिगम्बर नासवा, मलेशिया	प्रगीत कुँअर, ऑस्ट्रेलिया
राम प्रकाश यती, भारत	सुरेंद्र मोहन कौशिक 'निर्मोही', अ.

दलाली में हैं जो हँसी कर रहे हैं,
किसान आज भी ख़ुदकुशी कर रहे हैं।

अहंकार कुछ बेटियों में अब इतना,
कि पीहर में आने की ज़िद कर रहे हैं।

हुजूरी नही की तो वो तिलमिलाए,
सभी कार्यक्रम मुल्तवी कर रहे हैं।

समझते थे जिनको युधिष्ठिर सा कल तक,
वही झूठ में मास्टरी कर रहे हैं।

मुगल कांग्रेस सबने दिल्ली को लूटा
जो पूछा तो बोले सभी कर रहे हैं।

नहीं फ़र्क़ जिनको पता 'सा' या 'शा' में,
वो नेता बने शायरी कर रहे हैं।

जो सीधे वही लुट रहे हैं यहाँ पर,
'जो रहबर है वो रहज़नी कर रहे हैं'।

'अमर' सो के बिस्तर पे देखे जो सपने,
तो अब बैठ ताबीर भी कर रहे हैं।

— अमर त्रिपाठी, भारत

हवाओं से ही बस हँसी कर रहे हैं,
चिराग़ अब कहाँ रौशनी कर रहे हैं।

बनाया मोहब्बत का हम-राज़ जिनको,
वो हम से ही अब हम-सरी* कर रहे हैं। बराबरी*

कुछ इक चाँद पर पहुँचे तो कुछ अभी भी,
जो करते थे पहले वही कर रहे हैं।

कहीं पर तो दिल-बस्तगी करते खुल कर,
बा-मुश्किल कहीं दोस्ती कर रहे हैं। *दिल-बस्तगी=प्रेम,

अजब खेल ये उनके ही हँसते चेहरे,
जो नेकी के बदले बदी कर रहे हैं।

सलीक़ा किसी काम का तो न आया,
बस इल्म-ओ-हुनर काग़ज़ी कर रहे हैं।

मुआफ़ी वो हर बार ये कह के लेते,
ख़ता बस ये हम आख़िरी कर रहे हैं।

बस इक चाय पर बैठ नुक्कड़ पे घंटों,
बहस दोस्ताँ बे-तुकी कर रहे हैं।

— **अशोक सिंह,** अमेरिका

सरेआम वो ख़ुदकुशी कर रहे हैं,
मुहब्बत को जो ज़िन्दगी कर रहे हैं।

मेरी फ़ोटो डी पी में चिपकाए रखना,
अरे-रे ये क्या दिल्लगी कर रहे हैं।

गुज़ारेंगे मस्ती अमन चैन से दिन,
मुहब्बत की जो मुल्तवी कर रहे हैं।

नज़र के इशारे से घायल हुए जो,
सभी मनचले शायरी कर रहे हैं।

अजब तेरी दुनिया का दस्तूर मौला,
'जो रहबर हैं वो रहज़नी कर रहे हैं'।

फ़रेबी मुहब्बत में अटके हुए सब,
जो करते थे कल आज भी कर रहे हैं।

उन्हें यूँ ही बोला था हो चाँद सी तुम,
समझते हैं वे चाँदनी कर रहे हैं।

जगत उँगलियों में बसा कर कन्हैया,
सकल चेतना बाँसुरी कर रहे हैं।

—**दिगम्बर नासवा,** मलेशिया

जो जैसा लिखा है वही कर रहे हैं,
बसर इस तरह ज़िंदगी कर रहे हैं।

ग़लत बात की पैरवी कर रहे हैं,
उन्हें लग रहा है सही कर रहे हैं।

पुरानी वो यादें नई कर रहे हैं,
तभी बात वो आपकी कर रहे हैं।

बचा है चुकाने को क़र्ज़ा दुखों का,
बयाँ अपने खाता-बही कर रहे हैं।

थी उम्मीद जिनसे बुझाएँगे आकर,
वहीं आग में और घी कर रहे हैं।

अभी आप-हम ने जिए हैं जो भी पल,
वो अगले ही पल ख़ुदकुशी कर रहे हैं।

हमें कल पे ज़्यादा भरोसा नहीं है,
जो करना है कल वो अभी कर रहे हैं।

जो देते थे गाली तुझे गर्दिशों में,
वहीं अब तेरी आरती कर रहे हैं।

—प्रगीत कुँअर, ऑस्ट्रेलिया

अगर आप इतना सही कर रहे हैं,
तो फिर क्यों कृषक ख़ुदकुशी कर रहे हैं।

ग्रहण क्या लगा चंद्रमा को हमारे,
ये जुगनू भी अब दिल्लगी कर रहे हैं।

सभी कुछ सही दिख रहा आँकड़ों में,
महकमे क्या बाज़ीगरी कर रहे हैं।

परिंदे सभी उड़ गए जब चमन से,
लगा तब कि हम कुछ कमी कर रहे हैं।

इधर रोज़मर्रा की चींजें नदारद,
उधर वो मियाँ पार्टी कर रहे हैं।

लुटा दो ख़ज़ाना सियासी जनों पर,
वतन की हिफ़ाज़त यही कर रहे हैं।

ज़माने में बदलाव आया ग़ज़ब का,
'जो रहबर हैं वो रहज़नी कर रहे हैं'।

कहीं कष्टदायक न निकले ये रिश्ता,
बनाने में क्यों हड़बड़ी कर रहे हैं।

सफलता तो मिलने की स्थिति में है अब,
ये अभियान क्यूँ मुल्तवी कर रहे हैं।

—**राम प्रकाश यती,** भारत

इधर से उधर मुख़बिरी कर रहे हैं,
जहाँ से मेरी दिल्लगी कर रहे हैं।

सुनाऐं किसे हम मिली जो अज़िय्यत,
'जो रहबर हैं वो रहज़नी कर रहे हैं'।

ये जीने न देगी ग़म-ए-जावेदानी,
जो ख़्वाबों से भी दिल्लगी कर रहे हैं।

जो रखते थे दूरी हमेशा बनाकर,
वही गुफ़्तगू नग़मगी कर रहे हैं।

अधूरे ही रहते वे दिल के फ़साने,
जो उल्फ़त को भी 'आरज़ी कर रहे हैं।

अँधेरे भी आकर सताने लगे अब,
हमीं से ही क्यों बे-रुख़ी कर रहे हैं।

ख़यालों से ही दिल-लगी करते-करते,
ये अहल-ए-क़लम शाइरी कर रहे हैं।

हमारी निगाहों से देखो ज़हाँ को,
क्यूँ 'निर्मोही' से ज़्यादती कर रहे हैं।

—**सुरेंद्र कौशिक 'निर्मोही'**, अमेरिका

4

उसे भुलाऊँ कैसे मैं वही है ज़िन्दगी मेरी

मात्राभार: 1212 1212 1212 1212
अरकान: मुफ़ाइलुन मुफ़ाइलुन मुफ़ाइलुन मुफ़ाइलुन

मिसरा: ओम प्रकाश यती

ग़ज़लें

अनमोल शुक्ल 'अनमोल', भारत
अनिमेष शर्मा 'आतिश', भारत
अमर त्रिपाठी, भारत
अशोक सिंह, अमेरिका
दिगम्बर नासवा, मलेशिया
प्रगीत कुँअर, ऑस्ट्रेलिया
भावना कुँअर, ऑस्ट्रेलिया

तू सामने हो आँख के तलब है बस यही मेरी,
भले ही शेष रह गई हो साँस आखिरी मेरी।

तुम्हे कभी न कह सका कि चाहता हूँ मैं तुम्हें,
सदैव राह में खड़ी रही थी बेबसी मेरी।

तुम्हारी ख़ामोशी को ऐतराज़ क्यूँ समझ लिया,
समझ में आ रहा है अब ग़लत ये सोच थी मेरी।

वो वक़्त ही बुरा था मुझ पे मैंने तुमको खो दिया,
कराहती है रूह तेरे बिन ये आज भी मेरी।

भले ही रोग दे दिया है लाइलाज वक्‌त ने,
जिजीविषा हुई है किन्तु उतनी बलवती मेरी।

निभाई जिस किसी के साथ भी है मैने आज तक,
वो भूल ही सका है कब जनाब दोस्ती मेरी।

जतन किए, न हो सका कभी भी कामयाब पर,
'उसे भुलाऊँ कैसे मै वही है ज़िंदगी मेरी'।

मैं लफ़्ज लफ़्ज तुझको ही ग़ज़ल में ढालता हूँ बस,
तेरी ही यादों के है आसपास शाइरी मेरी।

—अनमोल शुक्ल 'अनमोल', भारत

पुकारते पुकारते ज़ुबान थक गई मेरी,
सँभालते सँभालते भी ग़ुम गई हँसी मेरी।

तरस रही है 'अक्स को कराहती है रात दिन,
किसी नज़र के आईने में क़ैद ज़िंदगी मेरी।

ख़िलाफ़ वक़्त हो गया पलट गये हैं पासे सब,
अभी तो चुप हो बैठने में ही है बेहतरी मेरी।

हँसी वही ख़ुशी वही, वही है बंदगी का सोत,
वही मजाल है मेरी वही है बेबसी मेरी।

कहो तो एक पल में ही ख़ुदी को भूल जाऊँ मैं,
'उसे भुलाऊँ कैसे मैं वही है ज़िंदगी मेरी'।

—**अनिमेष शर्मा 'आतिश'**, भारत

मिली है जब भी वो मिली है जैसे हो सगी मेरी,
नहीं तो दूर से ही रही उससे दोस्ती मेरी।

करें ये मन्नतें सलामती के वास्ते सदा,
ये दोस्त ही तो हैं मिटाते जो कि बे-कसी मेरी।

अन्धेरों को मिटाने की सलाहियत है सूर्य में,
कहे जहान में बिखरने दो ये रौशनी मेरी।

करूँ जो बातें तो लगे कि जैसे लंतरानियाँ,
कहूँ जो सच तो कच्ची पक्की सी ही शायरी मेरी।

मैं एक बार झूठ बोल कर दिलासा दे भी दूँ,
'उसे भुलाऊँ कैसे मैं वही है ज़िंदगी मेरी'।

लगा कि उससे ख़ास कोई रिश्ता मेरा था 'अमर',
पर उसको लगता रास आई ही न दिलबरी मेरी।

— **अमर त्रिपाठी,** भारत

जो की है धूप-छाँव जैसी उसने ज़िंदगी मेरी,
तो होगी उसकी सोच में कोई तो फ़िक्र भी मेरी।

कहीं पे शोर है ख़ुशी का तो कहीं पे सिसकियाँ,
किसी हँसी के शोर में छुपी है बे-बसी मेरी।

ख़ला ही एक है जो हो सका नहीं किसी का भी,
किसी का वरना आसमाँ, कोई कहे ज़मीं मेरी।

कहीं मैं उससे मिल के हो न जाऊँ इतना मुतमईं,
कि बाद इसके बाक़ी फ़िक्र हो न शाइरी मेरी।

तेरे ग़मों से ज़िंदगी गुज़रती हो कुछ इस तरह,
हो तेरी हर ख़ुशी में ही छुपी हो हर ख़ुशी मेरी।

वतन से दूर रह के भी वतन का जॉं-निसार हूँ,
वतन के काम आ सकूँ तो होगी ये ख़ुशी मेरी।

है आशिक़ी, है शाइरी, है जीने का जुनून वो,
'उसे भुलाऊँ कैसे मैं वही है ज़िन्दगी मेरी'।

जो खुल के कह रहा हूँ उसको ही नहीं समझ रहा,
वगरना वो समझता बातें सारी अन-कही मेरी।

— **अशोक सिंह,** अमेरिका

मृदुल, विलोल, मंजरी, मधुर, सुहासिनी मेरी,
लता हो एक मोहिनी नज़र नहीं हटी मेरी।

लिखा है जिसके पृष्ठ-पृष्ठ पर ये नाम आपका,
वही है मात्र दो ही अक्षरों की जीवनी मेरी।

विराजमान जो सखी हृदय की धड़कनों में है,
'उसे भुलाऊँ कैसे मैं वही है ज़िंदगी मेरी'।

नयन में तो अधर में क्यों विरोधाभास है तेरे,
नहीं सकल जो सहमती बता तो दे सखी मेरी।

खुली अलक पलक झुकी सतत प्रयास प्रेम का,
प्रणय के उच्च छोर पर मिलेगी प्रेयसी मेरी।

समय उड़ान का निकट है लक्ष्य दृष्टि-पात है,
गगन विशाल है न हो प्रयास में कमी मेरी।

न बन सका मैं सारथी कभी न कृष्ण हो सका,
मगर सखी भी, राधिका भी, तुम हो रुक्मणी मेरी।

शिशिर, शरद हो तुम, कुसुम बसंत का नया नया,
मलय समीर हो, सुगंध हो, प्रवाहिनी मेरी।

—**दिगम्बर नासवा,** मलेशिया

पलक झपकने को ये आँख बंद जब हुई मेरी,
चुरा के कोई ले गया है चीज़ क़ीमती मेरी।

मैं चाँद हूँ मैं जानता हूँ जो भी है कमी मेरी,
तभी तो दाग़ भी दिखा रही है चाँदनी मेरी।

समझ रहा हूँ मैं जिसे कि है ये सादगी मेरी,
समझ रहे हैं क्यों उसे ही लोग बेबसी मेरी।

सफ़र पे ले के जा रही जहाँ है ज़िंदगी मेरी,
उस आख़िरी पड़ाव पे ही मौत है खड़ी मेरी।

गगन को चीरते हुए उड़ा भले ही दूर तक,
गुजर के ग़म के बादलों से ज़िंदगी कटी मेरी।

जो दे रही थी अपनी हर ख़ुशी भी कल तलक मुझे,
उसी नज़र को चुभ रही है आज हर ख़ुशी मेरी।

सुबह से शाम तक कमा के दिन ने जो भी दी मुझे,
चुरा के ले गयी है रात वो ही रोशनी मेरी।

अँधेरे आसमाँ में चाँदनी लिए मैं चाँद हूँ,
दिखा किसी को दाग़ तो किसी को चाँदनी मेरी।

—**प्रगीत कुँअर,** ऑस्ट्रेलिया

नसीब से जो तेरे दर पे होगी हाज़िरी मेरी,
ख़ुशी से रक़्स, नाज़ करती होगी ज़िन्दगी मेरी।

अँधेरे में छुपी है, बैठी बीच नफ़रतों के जो,
मिलेगी कब पुरानी प्यार की वो रोशनी मेरी।

कभी न झाँक कर जो देखते हैं गिरेबान में,
वही गिनाने लग गए हैं आ के अब कमी मेरी।

सदा जो फूलों जैसी खिला करती मेरे होठों पर,
न जाने रूठी बैठी है क्यूँ मुझसे ही हँसी मेरी।

मैं उनकी हर ख़ुशी को तो लगाती अपने सीने से,
मगर वो कब समझते हैं कि किसमें है ख़ुशी मेरी।

नज़र न आए कुछ भी वो गया है जब से छोड़ कर,
भटकती है अँधेरो में हर इक सू दीदनी मेरी।

मुझे चलाकियों के दौर में न जीना आ सका,
बहुत दिलाती ही रही है धोखे सादगी मेरी।

—भावना कुँअर, ऑस्ट्रेलिया

5

जो हो सके तो अपने भी हक़ में दुआ करें

मात्राभार: 221 2121 1221 212
अरकान: मफ़ऊल फ़ाइलात मुफ़ाईलु फ़ाइलुन

मिसरा : अनमोल शुक्ल 'अनमोल'

ग़ज़लें

अनिमेष शर्मा 'आतिश', भारत
दिगम्बर नासवा, मलेशिया
प्रगीत कुँअर, ऑस्ट्रेलिया
भावना कुँअर, ऑस्ट्रेलिया
राम प्रकाश यती, भारत
सज्जाद अख़्तर, भारत
सुरेंद्र मोहन कौशिक 'निर्मोही', अ.

है मुख़्तसर ये ज़िंदगी मिल कर रहा करें,
अपनी कहा करें कभी उनकी सुना करें।

दमके है दामिनी सा किसी नाज़नीं का नूर,
जब तक बहारे नूर है आओ मज़ा करें।

उलझा के गुफ़्तगू में चलाएं नज़र के तीर,
जब झूमने लगें वो तो ज़िक्रे वफ़ा करें।

किरदार साथ दे न मुहब्बत ही साथ दे,
अब आप ही बतायें कि ऐसे में क्या करें।

लाखों दुआएँ की हैं ज़माने के वास्ते,
'जो हो सके तो अपने भी हक़ में दुआ करें'।

सौदागरी की तल्ख़ रवायत को देख कर,
रोया करें न आप हमेशा हँसा करें।

जाकर चमन में बात ये कह दीजिएगा आप,
देखे न देखे कोई मगर गुल सजा करें।

—**अनिमेष शर्मा 'आतिश',** भारत

इन पंछियों की पीठ पे बैठें उड़ा करें,
बादल पे ग़र नहीं तो कहीं पर मिला करें।

आलोचना, शिकायतें, शिकवे, गिला करें,
पर वक़्त वो न आए कभी बात ना करें।

समझें सभी को परखें मगर इश्क़ छोड़ कर,
सोचे बिना कोई न कभी फ़ैसला करें।

मिलते हैं लोग और खिलौने भी ख़ुशनुमा,
राहों पे ग़र अतीत की हम जो चला करें।

हमको मिले हैं इश्क़ में बरबाद कुछ बशर,
तन्हाइयों में सोच रहे हैं के क्या करें।

कब तक सुनाएँगे ये कहानी घिसी-पिटी,
क़िस्से प्रसंग बात कथा कुछ नया करें।

दुनिया न पूछती है न पूछेगी आपको,
'जो हो सके तो अपने भी हक़ में दुआ करें'।

माँ बाप की तो इश्क़ की फिर बच्चों की सुनो,
ग़र अनसुनी करें न तो किसकी सुना करें।

—**दिगम्बर नासवा,** मलेशिया

फूलों को सिर्फ़ देख लें पर मत छुआ करें,
उनकी महक को साँस से भीतर लिया करें।

नाराज़ हमसे आप यूँ बेशक हुआ करें,
खामोशियों को तोड़ के पर कुछ कहा करें।

अपनी पुरानी सोच को फिर से नया करें,
दुनिया के साथ साथ ही मिटकर बना करें।

जब आप अपनी बात को मुझसे कहा करें,
सुनने को मेरी बात भी थोड़ा रुका करें।

कहते हैं वो कि भीड़ में हम ना मिला करें,
कैसे फिर अपने प्यार का हम हक अदा करें।

अपने अलग ही रंग में चाहे दिखा करें,
औरों के रंग में भी तो थोड़ा घुला करें।

काँधे पे बोझ जब कभी लेकर चला करें,
आसाँ लगेगा आपको थोड़ा झुका करें।

सूरज जले तो फूल सा बन के खिला करें,
सूरज बुझे तो रात का दीपक बना करें।

—प्रगीत कुँअर, ऑस्ट्रेलिया

मेरे ग़मों का बोझ न ख़ुद पर लिया करें,
यूँ ग़म-ज़दा न आप हमेशा रहा करें।

तन्हाइयों में ख़ुद न अकेले घुटा करें,
हमसे भी दिल का हाल कभी तो कहा करें।

मुझको यक़ीन है कि क़ुबूल होगी एक दिन,
मेरी दुआ में आप जो शामिल हुआ करें।

क्यूँ छोड़ते हो फ़ैसले औरों के हाथ में,
अच्छा हो अपने फ़ैसले ख़ुद भी किया करें।

जीते हैं आप किसलिए औरों के वास्ते,
ख़ुद अपने वास्ते भी ज़रा सा जिया करें

हमको तो उनसे प्रेम का ये रोग लग गया,
ये रोग ला-इलाज है कैसे दवा करें।

अपना जिन्हें कहा था वही हो गए ख़फ़ा,
अब तुम ही 'भावना' कहो, किससे गिला करें।

—भावना कुँअर, ऑस्ट्रेलिया

चाहे किसी के पक्ष में भी फ़ैसला करें,
आवाज़ आत्मा की मगर सुन लिया करें।

मेरी कमी का ढोल यूँ पीटें नहीं हुज़ूर,
अपने अगर हैं कान में ही कह दिया करें।

दिल में लिए हैं लक्ष्य अगर पाने का जुनून,
काँटे भरे हैं रास्ते लेकिन चला करें।

आकाश चूमना है कठिन कत्तई नहीं,
दिल से उड़ान भरने की कोशिश किया करें।

तारीफ़ हौसले के लिए ठीक है मगर,
सच्चे अगर हैं यार तो आलोचना करें।

अम्मा तलाश छोड़ के मेरी ख़ुशी की अब,
'जो हो सके तो अपने भी हक़ में दुआ करें'।

जो जा रही हो जान मुझे छोड़ कर 'यती',
तो जान दें नहीं तो बताएँ कि क्या करें।

—राम प्रकाश यती, भारत

फिर कैसे अपने आप का हम तज्ज़िया करें,
हमसे वफ़ा की बात ही जब बेवफ़ा करें।

माना कि तुमको मेरी बड़ी फ़िक्र है मगर,
'जो हो सके तो अपने भी हक़ में दुआ करें'।

है तश्नगी बला की मगर वाये बेबसी,
दो चार बूंद आँसुओं पर इक्तिफ़ा करें।

उस बज़्म से है ख़लवते-जां भी हमें अज़ीज़,
अग़्यार सा सलूक जहाँ आश्ना करें।

ख़ामोश हैं कि मस्लहते-वक़्त यही है,
जोरो सितम का उसके गिला सबसे क्या करें।

अपना शिआर तो है सदा ज़िक्रे-ख़ैरे- यार,
अब वो दुआएं दें हमें या बद्दुआ करें।

—**सज्जाद अख़्तर,** भारत

अपनी सुनाएँ कुछ तो मेरी भी सुना करें,
मानेंगे सर झुका के जो भी फ़ैसला करें।

देखो फ़िज़ाएँ लाई हैं पैग़ाम प्यार के,
मौसम खिला बहार का अब तो मिला करें।

बढ़ती ही जाए बेबसी इस दिल की दिन ब दिन,
बैठे रहेंगे ऐसे या सोचेंगे क्या करें।

क्यों ख़ुश-गवार शाम पे ख़ामोशी छाई है,
दुनिया जो भी कहे नहीं ख़ुद को खफ़ा करें।

रखते हैं मेरी बात का इतना ख़याल आप,
'जो हो सके तो अपने भी हक़ में दुआ करें'।

आख़िर ये दर्द-ए-दिल भी मैं किससे करूँ बयाँ,
नज़रों के इन इशारों को समझा सुना करें।

वीरान कर के घर वो जा बैठा विदेश में,
आँखों का तारा ढूँढते माँ बाप क्या करें।

दो दिन वफ़ाएँ की तो महीनों ज़फ़ा रही,
'निर्मोही' जाएँ सदके तेरे, क्या गिला करें।

—**सुरेंद्र कौशिक 'निर्मोही'**, अमेरिका

6

किस लिए फिर वो ही गलती आपने हर बार की

मात्राभार: 2122 2122 2122 212
अरकान: फ़ाइलातुन फ़ाइलातुन फ़ाइलातुन फ़ाइलुन

मिसरा: ओम प्रकाश यती

ग़ज़लें

अनमोल शुक्ल 'अनमोल', भारत
अनिमेष शर्मा 'आतिश', भारत
प्रज्ञा त्रिवेदी, भारत
मनोज अबोध, भारत
राम प्रकाश यती, भारत
लक्ष्मी शंकर वाजपेई, भारत
सुरेंद्र मोहन कौशिक 'निर्मोही', अमेरिका

बात सुन लेना मेरी ये एक ऐसी सार की,
मत उड़ाना भूलकर खिल्ली किसी लाचार की।

हर मुसीबत हँस के सह जाना बस इतना सोचकर,
जो हुआ जैसा हुआ मर्ज़ी है ये करतार की।

अपने कर्तव्यों के बारे में भी पहले सोचिए,
ये भी क्या केवल पड़ी रहती है बस अधिकार की।

रखते हैं जीवन में सुख दुख भी तो मौसम सा मिज़ाज,
है कभी फूलों की रुत तो है कभी पतझार की।

हौसलों ने कोई मुश्किल को कहाँ समझा कठिन,
थी बड़ी जो भी चुनौती हर वो बाधा पार की।

इसमें देखा ही नहीं जाता नफ़ा नुक़सान कुछ,
शर्त होती ही नहीं है प्यार में व्यापार की।

ढालना अपने को हर स्थिति परिस्थिति में तू सीख,
शक्ल ले लेता है जल ज्यों पात्र के आकार की।

काम सिलने का है तो फिर काम आएगी सुई ,
फिर वहाँ उपयोगिता होती नहीं तलवार की।

जब कि ये मालूम था पछतावा ही हाथ आएगा,
'किसलिए फिर वो ही गलती आपने हर बार की'।

—अनमोल शुक्ल 'अनमोल', भारत

सबसे पहले तो हमारी शायरी दुश्वार की,
और फिर उसने उड़ाईं धज्जियाँ किरदार की।

बात छोटी थी मगर उसने बड़ी तकरार की,
एक पल में जान ले ली इश्क़ के बीमार की।

जानते हैं ध्यान में केवल हमें रक्खा गया,
लांछन की जब भी उसने भूमिका तैयार की।

शायरी बस शायरी अपनी थी ये इकलौती धुन,
लुट गए तो याद आयी है हमें घर-बार की।

रूप देखा रंग देखा गुल मसल कर रख दिया,
और अब बातें करेंगे रात दिन महकार की।

बे-वफ़ा होते हैं अहले-हुस्न जब ये इल्म था,
'किसलिए फिर वो ही ग़लती आपने हर बार की'।

—अनिमेष शर्मा 'आतिश', भारत

लिखती रहती हैं कलम ये रागिनी अभिसार की,
अब लिखो तुम मस्तकों पर, क्रांति गाथा नार की।

हँसते रहते हैं जो ग़म में, फ़लसफ़ा उनका जुदा,
मुस्कुरा देते हैं बस जब बात हो तकरार की।

क्यों लगाते फिरते दिल ग़र काम ये बेकार है,
छोड़ दो ये खींचा-तानी, सोचो कारोबार की।

ये ज़मीं करती है आग्रह, आसमाँ भी कह रहा,
आओ हम तुम मिल के तोड़ें, रीति ये संसार की।

—**प्रज्ञा त्रिवेदी,** भारत

अब नहीं बिल्कुल सुनेंगे बात हम बेकार की,
बात करनी है अगर हमसे तो करना प्यार की।

कार्य-शैली जानते थे आप इस सरकार की,
'किसलिए फिर वो ही गलती आपने हर बार की'।

आपके कर्तव्य क्या हैं ये भी कुछ मालूम है?
करते रहते हैं हमेशा बात बस अधिकार की।

नाव थी टूटी हुई तूफ़ान भी पुरज़ोर था,
क्या बताएँ किस तरह हमने नदी वो पार की।

क्या अजब दीवानगी थी क्या ग़ज़ब वह प्यार था,
याद है क्या आपको कुछ उस प्रथम अभिसार की।

आपका बस आपका ही तज़किरा चारों तरफ़,
आप हैं जैसे ख़बर जलती हुई अख़बार की।

चाँद को हमने निकलते ज़ुल्फ़ से देखा तेरी,
बात हम करते नहीं कोई बिना आधार की।

झूमकर उसने गले में डाल दीं बाहें 'अबोध',
हो गई हो रस्म जैसे आज द्वाराचार की।

—**मनोज अबोध,** भारत

देश पर जो मर मिटे चिंता न की घर-बार की,
सुध नहीं लेती सियासत उनके अब परिवार की।

बंदिशों से मुक्त जब से है ज़माने ने किया,
सुर्खियाँ बनने लगीं हैं बेटियाँ अख़बार की।

जो उपेक्षित सी पड़ी है मिट्टी अपने आस-पास,
धन्य कर देगी उसे भी साधना कुम्हार की।

सब गिले शिक़वे भुलाकर लोग मिलते थे गले,
नफरतों ने छीन ली रौनक हर इक त्यौहार की।

दे दिया उसने निमंत्रण और मैं आ भी गया,
पूछ मेरी थी नहीं पर पूछ थी उपहार की।

तारता है पुत्र हमको क्यूँ नहीं ये पुत्रियाँ,
मैं समझ पाया न अब तक रीति यह संसार की।

आप धोखा खा चुके थे इश्क़ में जब इक दफ़ा,
'किसलिए फिर वो ही ग़लती आपने हर बार की'।

उसकी ख़ातिर तू सँवरती है बता तो किसलिए,
जो समझता ही नहीं क़ीमत तेरे शृंगार की।

—**राम प्रकाश यती,** भारत

ज़िंदगी सुविधाओं वाली उसने कब स्वीकार की,
उम्र भर चिंता में वो घुलता रहा संसार की।

ख़ूब की दो प्रेमियों ने आँखों ही आँखों में बात,
कब से चलती आ रही है यह कथा बेतार की।

पूरी दुनिया के लिए ही बात है चिंता की ये,
दिन-दिन बेहद कमी अब हो रही है प्यार की।

उसकी बस यादों में खोए बैठे रहना देर तक,
पड़ गई है हमको आदत रोज़ इस बेगार की।

ख़ूब हिलमिल कर जहां रहते हैं घर के लोग सब,
रोज़ ही रौनक वहां रहती है इक त्यौहार की।

सब की कुछ फ़रमाइशों से रोज से भी दुगना काम,
अहमियत माँ के लिए इतनी ही है इतवार की।

दौर कोई हो किसानो की कहानी है वही,
ख़ुद-कुशी की क़र्ज़ की या मौसमों के मार की।

गांधी तो जिंदा रहेगा जब तलक दुनिया है ये,
एक दिन हत्या हुई थी सिर्फ इक आकार की।

—लक्ष्मी शंकर वाजपेई, भारत

आशिकाना ये अदाएँ प्यार के इज़हार की,
मार डालेगी किसी दिन बद-गुमानी यार की।

बात लेके बैठे हो क्यों आज फिर बेज़ार सी,
'किस लिए फिर वो ही गलती आपने हर बार की'।

ओढ़ ली बर्फीली चादर प्यार के अंजाम ने,
तुम को भी तो आती होगी याद उस गुलज़ार की।

नींद से जागा तो देखा काफ़िला जाता रहा,
हम रहे ग़फ़लत में उलझे दुनिया कारोबार की।

कश्तियाँ लाचारियों में छूटती पतवार से,
तैरकर या डूबकर तन्हा ही उसने पार की।

पाँव रखते ही किनारे आज कुछ ऐसी बनी,
हम भी लहराते जा बैठे गोद में मंझधार की।

टिमटिमाती लौ ये रोशन देखिए जाने को है,
मिल रही हैं चंद सांसे जैसे बस उधार की।

क्यारियाँ बाग-ए-वफ़ा की हर तरफ़ गुलज़ार कर,
'निर्मोही' क्यों पर्दा-दारी प्यार में इज़हार की।

—सुरेंद्र कौशिक 'निर्मोही', अमेरिका

7

नज़र मिल गई दिल धड़कने लगा

मात्राभार: 122 122 122 12
अरकान: फ़ऊलुन फ़ऊलुन फ़ऊलुन फ़अल

मिसरा : अनिमेष शर्मा 'आतिश'

ग़ज़लें

अनिमेष शर्मा 'आतिश', भारत
अशोक सिंह, अमेरिका
दिगम्बर नासवा, मलेशिया
प्रगीत कुँअर, ऑस्ट्रेलिया
राम प्रकाश यती, भारत
सुरेंद्र मोहन कौशिक 'निर्मोही', अ.

वो चंदन-बदन जब महकने लगा
मुहब्बत का शोला भड़कने लगा

पशेमान जाँ बस निकलने को थी,
'नज़र मिल गयी दिल धड़कने लगा'।

इधर हमने छेड़ी ग़ज़ल प्यार की,
उधर उनका घूँघट सरकने लगा।

हमारी निगाहों में नरमी दिखी,
तो चंदन का वन भी दहकने लगा।

हमारे सुखन को लगा जब गहन,
किसी का सितारा चमकने लगा।

मेरे पाँव में आबले क्या हुए,
पुराना भी काँटा करकने लगा।

कि जिसकी नज़र ने सँवारा मुझे,
उसी की नज़र में खटकने लगा।

क़दम दर क़दम इतने धोखे मिले,
भरोसा भी अब तो खिसकने लगा।

वो कहता है मुझ पर भरोसा करो,
जो दो घूँट पीकर बहकने लगा।

—**अनिमेष शर्मा 'आतिश'**, भारत

जो पर्दा हया का सरकने लगा,
तो आलम ये सारा बहकने लगा।

शबाब उसपे आया था आहिस्ता पर,
पियाला भरा तो छलकने लगा।

घड़ी वस्ल की आई आख़ीर जो,
तो कमबख़्त खुद ही झिझकने लगा।

ढली रात मद्धम हुए जब दिए,
ग़म-ए-राएगाँ फिर चमकने लगा।

गुल-ए-यासमीं जैसी रात हो गई,
गुलाब उसको छू कर महकने लगा।

निकलते निकलते ये जाँ रुक गई,
'नज़र मिल गई दिल धड़कने लगा'।

उठा इश्क़ में गुम-रही का मज़ा,
रह-ए-आरज़ू में भटकने लगा।

अजब राब्ता दिल का है आँखों से,
वहाँ टूटा वो, ये टपकने लगा।

— **अशोक सिंह,** अमेरिका

पहाड़ी से सूरज उचकने लगा,
कई दिन का पाला सरकने लगा।

पहाड़ों पे दस्तक हुई ठंड की,
शहर चाय पी कर सुड़कने लगा।

लचकती कली ने जो अंगड़ाई ली,
ये मौसम बसंती महकने लगा।

कड़ी धूप, दिन लम्बे, लू, सर चढ़ी,
पसीना बदन से टपकने लगा।

दवा, मय, दुआएँ रहीं बे-असर,
'नज़र मिल गई दिल धड़कने लगा'।

वहाँ एक लड़की जवाँ हो गई,
यहाँ खेत सरसों का पकने लगा।

मुझे याद है कितना कहती थी माँ,
उठो सर पे सूरज चमकने लगा।

सफ़र में मिले झुण्ड जुगनू के जब,
क़बीला अंधेरों का थकने लगा।

—दिगम्बर नासवा, मलेशिया

वो राहों में जब से भटकने लगा,
सफ़र मंज़िलों पे पहुँचने लगा।

बहारों ने आते ही बदली फ़िज़ा,
है फूलों से आँगन महकने लगा।

अचानक से दिल पे जो बिजली गिरी,
बड़ी ज़ोर से दिल धड़कने लगा।

कोई ना नमक डाल दे इसलिए,
मैं ज़ख़्मों को अपने तुरपने लगा।

ये कुछ देर में टूट ही जाएगा,
महल ख़्वाब का है चटकने लगा।

है तस्वीर पानी में हिलती हुई,
लगे, मेरा साया तड़पने लगा।

चकाचौंध का जब से आया चलन,
शहर, सारे गाँव गटकने लगा।

जो देखा सिया ने प्रभु राम को,
तभी अंग बायाँ फड़कने लगा।

—**प्रगीत कुँअर,** ऑस्ट्रेलिया

गिरा लड़खड़ाया सँभलने लगा,
मैं सीढ़ी सफलता की चढ़ने लगा।

चुनावों का मौसम निकट देखकर,
सियासत का चेहरा बदलने लगा।

जो जंगल का राजा रहा था कभी,
वही शेर जंगल से डरने लगा।

तनिक और ख़ुद पर भरोसा रखो,
नदी का किनारा है दिखने लगा।

मुहब्बत में कुछ पल बिता क्या दिए
ज़माना निकम्मा समझने लगा।

हुआ सिलसिला प्यार का यूँ शुरू
'नज़र मिल गई दिल धड़कने लगा'।

जो दीपक से बाती अलग हो गई,
तो जुगनू भी उसको परखने लगा।

नहीं आस जिससे हमें थी 'यती',
वही आज बादल बरसने लगा।

—**राम प्रकाश यती,** भारत

उन्हें देखकर दिल धड़कने लगा,
परिन्दा मेरा मन चहकने लगा।

क़रीबी किनारे जो दिखने लगे,
बदन ये लहर सा थिरकने लगा।

न आसाँ मुहब्बत सुना था बहुत,
मेहरबाँ ये रस्ता भी थकने लगा।

भटकती सी रूहों सा सफ़री बना,
ये बे-बस मुसाफ़िर भटकने लगा।

पड़े डगमगाते हुए पग जहाँ,
कहे है ये दुनियाँ बहकने लगा।

कभी झूमती थी वो मुख देखकर,
उसे आईना अब खटकने लगा।

तेरे प्यार में है सनम वो कशिश,
'नज़र मिल गई दिल धड़कने लगा'।

जो 'निर्मोही' लाया ख़ुशी की लहर,
ये हर-सू गुलों सा महकने लगा।

—**सुरेंद्र कौशिक 'निर्मोही'**, अमेरिका

8

लोग सोते रहे जला के चराग़

मात्राभार: 2122 1212 22 (112)
अरकान: फ़ाइलातुन मुफ़ाइलुन फ़ेलुन (फ़यलुन)

मिसरा : सज्जाद अख़्तर

ग़ज़लें

अशोक सिंह, अमेरिका
राम प्रकाश यती, भारत
लक्ष्मी शंकर वाजपेई, भारत
शिव मोहन सिंह, किर्गिज़स्तान
सज्जाद अख़्तर, भारत

मिल नहीं पाया जो जला के चराग़,
उसको ढूढ़ेंगे अब बुझा के चराग़।

इंतिज़ारी में बारहा उसकी,
बस जलाते रहे बुझा के चराग़।

नींद सरहाने रख के थे सोए,
दिल में रौशन थे वलवला के चराग़।

रात बरजोरी उसने की आ कर,
घर के आँगन के सब बुझा के चराग़।

ऐसे चुपके से आ वो गुज़रा है,
ढूँढें सब नक़्श-ए-पा जला के चराग़।

बैठे रहते हैं वो चराग़ तले,
सब पे रक्खें नज़र जला के चराग़।

ज़ेहन में इस क़दर अँधेरा था,
'लोग सोते रहे जला के चराग़'।

पास हो कर भी क्यों गुरेज़ इतना,
अब हैं बैठे सभी बुझा के चराग़।

— **अशोक सिंह,** अमेरिका

आज अँधियारे को हरा के चराग़,
जल रहे कैसे सर उठा के चराग़।

आँधियों से बचा लिया माँ ने,
लाई आंचल में यूँ छुपा के चराग़।

धाई पन्ना का त्याग तो देखो,
सामने कर दिया हवा के चराग़।

किस तरह वो मनाए दीवाली,
बेच पाया नहीं बना के चराग़।

अपने घर की है रौशनी उसने,
मेरी उम्मीद के बुझा के चराग़।

आज तारे ज़मीं पे लाई हैं,
बेटियाँ गाँव की सजा के चराग़।

जाने कब रात सामने आए,
ले के चलता हूँ मैं दुआ के चराग़।

वो उधर झूझते रहे शब से,
'लोग सोते रहे जला के चराग़'।

—**राम प्रकाश यती,** भारत

ख़ूबसूरत वो कल्पना के चिराग़,
उनसे ही हैं ये सभ्यता के चिराग़।

कर लिए सब जतन जो मुमकिन थे,
अब तो बस चाहिए दुआ के चिराग़।

बस धुआँ ही धुआँ वो बांटेंगे,
गर जलाओगे तुम घृणा के चिराग़।

रह के गुमनाम रोशनी देते,
कुछ समर्पण के साधना के चिराग़।

होड़ है जिस्म के नुमाइश की,
कम ही जलते हैं अब हया के चिराग़।

हैं हवाओं के ख़ूब शुक्रगुज़ार,
कैसे जलते बिना हवा के, चिराग़।

अब अंधेरों में छटपटाएंगे,
ख़ुश थे नादान जो, बुझा के चिराग़।

कोई लालच डिगा नहीं पाया,
थे जो रोशन मेरी अना के चिराग़।

कोई कम तर नहीं किसी से भी,
सब के सब हैं उसी ख़ुदा के चिराग़।

—**लक्ष्मी शंकर वाजपेई**, भारत

रौशनी को रखे सजा के चराग़,
देहरी पे रखे दुआ के चराग़।

जिनको दौलत की फुलझड़ी भाए,
रास उनको कहाँ वफ़ा के चराग़।

रौशनी की ज़रा भी कद्र नहीं,
'लोग सोते रहे जला के चराग़'।

आँधियों से कहो रहें हद में,
क्या मिलेगा उन्हें बुझा के चराग़।

इल्म का जिनसे वास्ता ही नहीं,
क्या करेंगे उन्हें दिखा के चराग़।

हो जहाँ तक अँधेरे का शासन,
जाएँगे हाथ में उठा के चराग़।

—**शिव मोहन सिंह,** किर्गिज़स्तान

हम ने रक्खे सदा जला के चराग़,
प्यार उल्फत वफ़ा हया के चराग़।

सामने आये जब हवा के चराग़,
रुख पे जलने लगे सबा के चराग़।

इतने खायफ़ हैं घुप अंधेरों से,
दिल जलाते हैं हम बना के चराग़।

ऐसी वहशत कि चाँदनी शब में,
'लोग सोते रहे जला के चराग़'।

थे त'अक्कुब में रोशनी के सभी,
हम भी रखने लगे छुपा के चराग़।

जिस में हिम्मत हो वो बुझाए इन्हें,
साथ लाया हूँ मैं दुआ के चराग़।

क्यों बुज़ुर्गों की सीख के 'अख्तर',
ताक़ पर रख दिए बुझा के चराग़।

—**सज्जाद अख़्तर,** भारत

9

रहबर हो तो मंज़िल का पता क्यों नहीं देते

मात्राभार : 221 1221 1221 122
अरकान: मफ़ऊल मुफ़ाईल मुफ़ाईल फ़ऊलुन

मिसरा : अनिमेष शर्मा 'आतिश'

ग़ज़लें

अनिमेष शर्मा 'आतिश', भारत
प्रज्ञा त्रिवेदी, भारत
भावना कुँअर, ऑस्ट्रेलिया
राम प्रकाश यती, भारत
रेणु हुसैन, भारत
शिव मोहन सिंह, किर्गिज़स्तान
सज्जाद अख़्तर, भारत

गुलशन को महकने की दुआ क्यूँ नहीं देते,
अब आप भी नफ़रत को जला क्यूँ नहीं देते।

करतूत- ए -उदू सारे ज़माने को पता है,
मुंसिफ़ हो तो मुज़रिम को सज़ा क्यूँ नहीं देते।

हैराँ हैं अगर आप परेशां है ज़माना,
ग़द्दार को गद्दी से हटा क्यूँ नहीं देते।

तुम इश्क़ की आवाज़ पे वैसे ही लरज़ कर,
बीमार मुहब्बत को शिफ़ा क्यूँ नहीं देते।

क्यूँ कोई ग़ज़ल मुझसे मुतासिर नहीं होती,
अशआर भी पहले सा मज़ा क्यूँ नहीं देते।

जो सामने बैठे हैं वो सब अहले नज़र हैं,
नज़रों का हुनर तुम भी दिखा क्यूँ नहीं देते।

प्यासी हैं अभी और भी 'आतिश' की निगाहें,
लिल्लाह निगाहों से पिला क्यूँ नहीं देते।

—अनिमेष शर्मा 'आतिश', भारत

दिलबर हूँ तो मुझपे ये जता क्यों नहीं देते,
या फिर कोई क़िस्सा ही सुना क्यों नहीं देते।

जो बारहा देते हो भुलाने की यूँ धमकी,
आसान है इतना तो भुला क्यों नहीं देते।

काँटों पे उगाए हैं अजी फूल अमन के,
तुम हो सके तो पेड़ उगा क्यों नहीं देते।

कब तक पस-ए-दीवार छुपाओगे ये जज़्बा,
है इश्क़ तो दीवार गिरा क्यों नहीं देते।

जो दूरियों का डर है तुम्हें इतना सनम तो,
घर के मेरे घर साथ बना क्यों नहीं देते।

बन जाएँगे हम भी कभी तुम जैसे हुनरमंद,
दिल खोल हमें अपना दिखा क्यों नहीं देते।

लिखने का हुनर बोलो भी लाते हो कहाँ से,
मुझको भी कहन ऐसा सिखा क्यों नहीं देते।

है राह कठिन दूर तलक दिखता नहीं अब,
'रहबर हो तो मज़िल का पता क्यों नहीं देते'।

—**प्रज्ञा त्रिवेदी,** भारत

ग़लती हमारी क्या है बता क्यों नहीं देते,
ख़ामोश हो गए हो सज़ा क्यों नहीं देते।

ज़ख़्मी हो कितना हमको दिखा क्यों नहीं देते,
जिसने किया है उसका पता क्यों नहीं देते।

कड़वाहटों को दिल से भुला क्यों नहीं देते,
जो दूरियाँ हैं उनको मिटा क्यों नहीं देते।

माना ख़ुदा हो तुम तो तुम्हें इख़्तियार है,
बिछड़े हुए दिलों को मिला क्यों नहीं देते।

नफ़रत की आँधियों ने बहुत फ़ासले किये,
उल्फ़त का हाथ अपना बढ़ा क्यों नहीं देते।

कहते थे तुम तो ये मिरे अपने ही लोग हैं,
अब इनकी बद्दुआ पे दुआ क्यों नहीं देते।

इल्ज़ाम जो लगता रहा औरों पे बार-बार,
इक आईना उसे भी दिखा क्यों नहीं देते।

—**भावना कुँअर,** ऑस्ट्रेलिया

सौग़ात जहाँ को ये ख़ुदा क्यों नहीं देते,
इंसान को इंसान बना क्यों नहीं देते।

मुर्झाए किसानों को खिला क्यों नहीं देते,
फ़सलों का उचित दाम दिला क्यों नहीं देते।

सचमुच ही अगर उनको नहीं चाहते हो तो,
तस्वीर मोबाइल से हटा क्यों नहीं देते।

मज़दूर हूँ जब तक न थकूँ नींद न आती,
मंज़िल को मेरी दूर हटा क्यों नहीं देते।

साग़र से तो तुम ज़ाम पिलाते ही सभी को,
साक़ी मुझे आँखों से पिला क्यों नहीं देते।

सम्भव नहीं जो मुफ़्त तो फिर टैक्स लगा लो,
पर दम न घुटे ऐसी हवा क्यों नहीं देते।

ताक़त ही अगर देखनी है पंखों के इनकी,
नारी को भी आकाश खुला क्यों नहीं देते।

मासूम चराग़ों को हँफा झूम रहे हो,
तूफ़ान हो तो सूर्य बुझा क्यों नहीं देते।

—**राम प्रकाश यती,** भारत

है दिल में मुहब्बत तो बता क्यों नहीं देते,
दिल की लगी को और हवा क्यों नहीं देते।

इक आग यहाँ भी तो लगी है ज़रा देखो,
चिलमन हमारे बीच हटा क्यों नहीं देते।

कब तक रखोगे दिल को परेशान पशेमाँ,
तुम प्यार का इक नग़मा सुना क्यों नहीं देते।

बैठी तुम्हारी राहों में पलकें मैं बिछा के
'रहबर हो तो मंज़िल का पता क्यों नहीं देते'।

जिसके लिए मैं जल रही हूँ शम्'अ के जैसी,
वो मुझको मुहब्बत का सिला क्यों नहीं देते।

बीमार है दिल 'रेणु' तलबगार है तेरा,
हो मेरे मसीहा तो दवा क्यों नहीं देते।

—**रेणु हुसैन,** भारत

क्या दिल में तुम्हारे है बता क्यों नहीं देते,
या मुझको मुहब्बत की सज़ा क्यों नहीं देते।

अपनों से निभाया न गया साथ तुम्हारा,
ग़ैरों को मुसीबत में सदा क्यों नहीं देते।

जूड़े में लगाने से हैं रुसवाईयाँ तुमको,
रख मुझको किताबों में सुखा क्यों नहीं देते।

छन-छन के बिखरती हैं जो ये चाँद सी किरणें,
रुख़्सार से ज़ुल्फ़ों को हटा क्यों नहीं देते।

कन्धों पे मिरे कारवाँ का रक्खा है ज़िम्मा,
'रहबर हो तो मंज़िल का पता क्यों नहीं देते'।

—**शिव मोहन सिंह,** किर्गिज़स्तान

इस ख़्वाब की दुनिया से जगा क्यों नहीं देते,
मुझको मिरे होने का पता क्यों नहीं देते।

इक बार कभी दिल से सदा क्यों नहीं देते,
इक रोज़ मुझे मुझ से मिला क्यों नहीं देते।

अब और तुम्हें कौन सी रुसवाई का डर है,
हर बात ज़माने को बता क्यों नहीं देते।

क्या तुमको ज़रूरत मुझे मुजरिम ही बनाओ,
ना-करदा गुनाहों की सज़ा क्यों नहीं देते।

मुबहिम सी ये उम्मीद भी दम तोड़ ही देगी,
तुम अपने तग़ाफ़ुल को बढ़ा क्यों नहीं देते।

महरम हूँ अगर मैं तो गले से भी लगाओ,
वरना मुझे महफ़िल से उठा क्यों नहीं देते।

हर मोड़ के आगे भी कई मोड़ मिले हैं,
सीधा सा है रास्ता तो दिखा क्यों नहीं देते।

क्या उम्र भर हम आपके पीछे ही चलेंगे,
'रहबर हो तो मंज़िल का पता क्यों नहीं देते'।

—**सज्जाद अख़्तर,** भारत

10

यार क्या बिजलियाँ गिराओगे

मात्राभार: 2122 1212 22
अरकान: फ़ाइलातुन मुफ़ाइलुन फ़ेलुन

मिसरा : अनमोल शुक्ल 'अनमोल'

ग़ज़लें

अनमोल शुक्ल 'अनमोल', भारत
अशोक सिंह, अमेरिका
दिगम्बर नासवा, मलेशिया
प्रगीत कुँअर, ऑस्ट्रेलिया
भावना कुँअर, ऑस्ट्रेलिया
राम प्रकाश यती, भारत
सज्जाद अख़्तर, भारत

जब भी किस्सा कोई सुनाओगे,
तुम मुझे भूल कैसे पाओगे।

साथ जब आँसुओं से मुखबिर हों,
दर्द कैसे भला छुपाओगे।

ये न मुमकिन है भूल जाऊँगा,
साँस लूँगा तो याद आओगे।

एक मयकश का मशवरा ये था,
लड़खड़ाकर सँभल न पाओगे।

आइनों से सवाल मत करना,
तल्ख उत्तर से तिलमिलाओगे।

तुम जो यूँ सज सँवर के निकले हो,
'यार क्या बिजलियाँ गिराओगे'।

होगी 'अनमोल' की कमी महसूस,
जब भी महफ़िल कोई सजाओगे।

—**अनमोल शुक्ल 'अनमोल'**, भारत

बात आगे भी कुछ बढ़ाओगे,
या बस ऐसे ही मुस्कुराओगे।

आज नज़रों में फेर दिखता है,
कल तो मुझको भी आज़माओगे।

कल तलक तो न था कोई परदा,
क्या कुछ अब मुझसे भी छुपाओगे।

नाज़-ओ-अन्दाज़ की क़दर इतनी,
किस की महफ़िल में और पाओगे।

हो सके जो कभी नहीं हासिल,
कब तलक पीछे उसके जाओगे।

तंग आ ख़ुद-सरी से तुम इक दिन,
ख़ुद-ब-ख़ुद उसको भूल जाओगे।

दिल में लरजे है बेक़रारी यूँ,
'यार क्या बिजलियाँ गिराओगे'।

राब्ता कितना भी बढ़ा लो अभी,
एक दिन तुम भी छोड़ जाओगे।

— **अशोक सिंह,** अमेरिका

यूँ जो हर वक़्त आज़माओगे,
किस के काँधे पे सर टिकाओगे।

मैं हूँ बचपन की आदतों जैसा,
चाह कर भी न छोड़ पाओगे।

सोच कर जिसको चौंक जाते हो,
नाम कब उसका तुम बताओगे।

डायरी का गुलाब कौंधेगा,
फूल गमले में जब लगाओगे।

नोट बुक पर न नाम मिट पाया,
दिल से कैसे मुझे मिटाओगे।

उड़ गए ग़र मुँडेर से पंछी,
दास्ताँ किस को फिर सुनाओगे।

साँसें साँसों को छू के मिल लेंगी,
तुम जो टूटा बटन लगाओगे।

यूँ न गरजो सुनो हमारी भी,
'यार क्या बिजलियाँ गिराओगे'।

—दिगम्बर नासवा, मलेशिया

जितना आगे कदम बढ़ाओगे,
उतना सागर में डूब जाओगे।

बन के पत्थर भी कुछ न पाओगे,
चोट दोगे तो चोट खाओगे।

जितना मुश्किल से दूर भागोगे,
और भी मुश्किलें बढ़ाओगे।

दास्ताँ जब सुनोगे मेरी तो,
आप भी अश्क़ में नहाओगे।

दोस्ती ही निभा न पाए तो,
दुश्मनी ख़ाक तुम निभाओगे।

अब तो हाँ-ना जवाब दे ही दो,
कब तलक बात को घुमाओगे।

डाल थामेगी हो अगर कच्चे,
और पकते ही टूट जाओगे।

आप ही जब हमारी मंज़िल हो,
आप ही रास्ता दिखाओगे।

—**प्रगीत कुँअर**, ऑस्ट्रेलिया

जान जाएगी क्या तब आओगे,
आ के अश्क़ों को फिर बहाओगे।

आप रूठे हो क्यूँ, बताओगे,
और हमें कितना आज़माओगे।

हमसे कुछ भी अगर छुपाओगे,
बोझ दिल का ही तुम बढ़ाओगे।

हो गया ख़ाक दिल का गुलशन ही,
कैसे गुलशन को फिर खिलाओगे।

मैं ग़ज़ल हूँ खुली किताब नहीं,
सरसरी आँखों पढ़ न पाओगे।

मैं तो दर्पण हूँ सच दिखाता हूँ,
मुझसे क्या राज़ तुम छुपाओगे।

छत पे उतरा है चाँद पूनम का,
चाँदनी में उतर नहाओगे।

है मेरा दिल तो प्यार का सागर,
जितना डूबोगे उतना पाओगे।

—भावना कुँअर, ऑस्ट्रेलिया

मुझको दिल से गले लगाओगे,
मेरे जिस दिन क़रीब आओगे।

आसमाँ के सफ़र से लौटे हो,
चाँद से दोस्ती कराओगे।

राजधानी का हाल मत पूछो,
साँस लेने में हिचकिचाओगे।

हर जगह बाज़ का ही पहरा है,
आशियाना कहाँ बनाओगे।

फूल चुनने की हड़बड़ाहट में,
डाल से तितलियाँ उड़ाओगे।

लोग नज़रें हटा न पाएँगे,
रुख़ से पर्दा अगर हटाओगे।

हार होगी नहीं तो क्या होगा
फ़ैसला तुम अगर सुनाओगे।

नींद मेरी चुरा के बैठे हो,
स्वप्न में किस प्रकार आओगे।

हौसला साथ है तुम्हारे तो,
फूल सहारा में भी खिलाओगे।

—राम प्रकाश यती, भारत

तुम जो कहते हो भूल जाओगे,
भूल जाओ कि याद आओगे।

दो क़दम चल के लड़खड़ाते हो,
तुम भला साथ क्या निभाओगे।

कोई हर्फ-ए-ग़लत नही हूँ मैं,
तुम मुझे यूँ मिटा न पाओगे।

राख उड़कर बदन से लिपटेगी,
ख़त मेरे जब भी तुम जलाओगे।

एक दिन मैं भी भूल जाऊँगा,
एक दिन तुम भी भूल जाओगे।

ख़ुद को अच्छा बना के देखो तो,
फिर किसी को बुरा न पाओगे।

क्यूँ नज़र है मेरे नशेमन पर,
'यार क्या बिजलियां गिराओगे'।

—**सज्जाद अख़्तर,** भारत

11

पर जान लिया प्यार का उपहार हैं आँसू

मात्राभार: 221 1221 1221 122
अरकान: मफ़ऊल मुफ़ाईल मुफ़ाईल फ़ऊलुन

मिसरा : अनमोल शुक्ल 'अनमोल'

ग़ज़लें

अनमोल शुक्ल 'अनमोल', भारत
प्रज्ञा त्रिवेदी, भारत
भावना कुँअर, ऑस्ट्रेलिया
महबूब सोनालिया, भारत
लक्ष्मी शंकर वाजपेई, भारत
अनिमेष शर्मा 'आतिश', भारत
प्रेम बिहारी मिश्र, भारत
ममता किरण, भारत
राम प्रकाश यती, भारत
शिव मोहन सिंह, किर्गिज़स्तान

स्वागत में विदाई में मददगार हैं आँसू,
ग़म और ख़ुशी के भी तरफदार है आँसू।

पलकों की किवाड़ों में ये छुप जाते हैं अक्सर,
इस एक नज़रिए से समझदार हैं आँसू।

हैं आँख में तेरी तो हैं आँखों में मेरी भी,
मंज़र ये बताता है मिलनसार हैं आँसू।

उसको न कोई ग़म है न तकलीफ है कोई,
आए हैं जो आँखों में वो मक्कार हैं आँसू।

है नोक न इनमे न दिखी धार कोई भी,
हो जाते कलेजे के मगर पार हैं आँसू।

छलके हैं जो मोती न किया ज़िक्र भले ही,
'पर जान लिया प्यार का उपहार हैं आँसू'।

बीती है जो ख़ुद पे तो ये 'अनमोल' ने जाना,
कम दर्द को करने में ग़जब यार हैं आँसू।

—अनमोल शुक्ल 'अनमोल', भारत

सब जानते है इश्क़ का सिंगार हैं आँसू,
फिलहाल मेरी आँखों में गुलज़ार हैं आँसू।

बदले में हमें प्यार मिला हो न मिला हो,
'पर जान लिया प्यार का उपहार हैं आँसू'।

आशिक़ पे हुए ज़ुल्म पे जो आँसू बहाए,
उस यार के मे'यार का मे'यार हैं आँसू।

मानेगा नहीं फिर भी तो बिजली ही गिरेगी,
दुश्मन के लिए आख़िरी ललकार हैं आँसू।

समझे न हमें कोई भी ख़ुशियों का नदीदा,
भगवान कसम आज भी दरकार हैं आँसू।

ये दौर नहीं है ये रवायत है यहाँ की,
सदियों से ही महबूब की सरकार हैं आँसू।

तुम जानते हो आएगा 'आतिश' तो कहेगा,
मज़बूरी नहीं आपका किरदार हैं आँसू।

—**अनिमेष शर्मा 'आतिश'**, भारत

बातों में ज़रा नरमी के हक़दार हैं आँसू,
थोड़ी सी तवज्जो के तलबगार हैं आँसू।

आसान बताना नहीं हो जब भी ग़म-ए-दिल,
बिन बोले ही हो जाते मददगार हैं आँसू।

जैसे हो पड़ी सूखी ज़मीं बरसों से कोई,
दिल खोलो बरस लें जो तो मल्हार है आँसू।

आएँ तो क़यामत है न आएँ तो मुसीबत,
दिल मे जो बँधे रह गए बेज़ार हैं आँसू।

ग़ैरों की हुज़ूरी में कभी आँखों न उतरे,
लाज़िम है झिझक, कितने समझदार हैं आँसू!

चेहरे की परेशानी, ख़ुशी, दर्द, छुपा लें,
जायज़ ये तमाशाई हैं, फ़नकार हैं आँसू।

बेटी की विदाई का समा है बड़ा नाज़ुक,
हर ख़्वाब, झिझक, ख़ुशियों का इसरार हैं आँसू।

कहते तो थे आँखें ये कभी नम न हों जानां,
'पर जान लिया प्यार का उपहार हैं आँसू'।

ग़म हो या ख़ुशी फ़र्क़ नहीं करते हैं 'प्रज्ञा',
कोई भी रहे, मौक़ा-ए-इज़हार हैं आँसू।

—**प्रज्ञा त्रिवेदी,** भारत

जो तुमने दिए प्यार में स्वीकार हैं आँसू,
मेरे लिए ये क़ीमती उपहार हैं आँसू।

ये आग मेरे मन में हमेशा ही लगाते,
जो आँख से तेरी गिरें अंगार हैं आँसू।

ये बोझ मेरे मन का घटा देते हैं आकर,
मेरे लिए तो सच्चे ये ग़मख़्वार हैं आँसू।

देते हैं यही साथ जो छोड़े ये ज़माना,
तनहाइयों से जंग में यलगार हैं आँसू।

समझे न मोहब्बत की नफ़ासत भले अब तक,
'पर जान लिया प्यार का उपहार हैं आँसू'।

हो 'प्रेम' जहाँ इनका वहाँ बस नहीं चलता,
ऐसा लगे ज्यूँ ख़ुद से ही लाचार हैं आँसू।

—**प्रेम बिहारी मिश्र,** भारत

कहते हैं लोग प्यार का उपहार हैं आँसू,
कहने को दिल की बात मददगार हैं आँसू।

हैं बर्फ़ कभी तो कभी अंगार हैं आँसू,
आँखों को मगर हर तरह स्वीकार हैं आँसू।

बहते हैं कभी ग़म में कभी बहते ख़ुशी में,
आँखों के लिए उनका तो संसार हैं आँसू।

ऐसा तो नहीं मानती औरत के लिए मैं,
कहते हैं सभी उनका तो हथियार हैं आँसू।

अपनों से मिले तो कभी रुक ही नहीं पाते,
अपनों की मोहब्बत का ही अवतार हैं आँसू।

ऐसे न बहाओ इन्हें तुम सस्ता समझकर,
ये क़ीमती मोती, नहीं बेकार हैं आँसू।

अब 'भावना' दिल पे बढ़ा है बोझ कुछ ऐसे,
आँखों से हुए बहने को लाचार हैं आँसू।

—**भावना कुँअर,** ऑस्ट्रेलिया

हर हाल में हैं साथ, मेरे यार हैं आँसू
ख़ुद्दार कभी हैं कभी ग़मख़्वार हैं आँसू।

गिनती में भले उसके ये दो चार हैं आँसू,
हिम्मत के, भरोसे के ये भंडार हैं आँसू।

हर बात को वो दिल से लगा लेती है उसकी,
आँखों से छलक पड़ने को तैयार हैं आँसू।

मालूम है बच्चे को भी मनवाये कैसे ज़िद
रखता है सदा साथ जो हथियार हैं आँसू।

बेटा है बसा जब से विलायत में, तभी से
अम्मा के लिए गाँव में संसार हैं आँसू।

शीशे के परे बेटी है होने को रवाना,
आँखों में भरे ख़्वाबों से गुलज़ार हैं आँसू।

लगती हैं फ़िज़ाओं में पड़ी ओस की बूंदें
कुदरत के मनोभाव का इज़हार हैं आँसू।

महफ़िल में सुने शे'र तो दी दाद 'किरण' को
पर उसके लिए ये सभी अशआर हैं आँसू।

—**ममता किरण,** भारत

उस पार तो हैं कहकहे, इस पार है आँसू,
दुश्मन से कभी हैं तो कभी यार है आँसू।

आते जो अयादत को तो कुछ दर्द भी बँटता,
लो अबके बरस भी मेरे बीमार हैं आँसू।

गिर गिर के सजाते रहे दामन की ये इस्मत,
सोचो तो ज़रा कितने समझदार हैं आँसू।

बारिश है तो चल सकता तसल्ली से शहर में,
आँखों में मेरी आज मुसलधार है आँसू।

अपने लिए तो बाइस-ए-लाचारगी हैं बस,
कुछ के लिए बनते रहे हथियार हैं आँसू।

चाहें ये अगर छीन लें आँखों की चमक भी,
दिखने में भले लगते चमकदार हैं आँसू।

—**महबूब सोनालिया,** भारत

घड़ियालियों के जैसे सदाचार हैं आँसू,
बस होते निरीहों का ही शृंगार हैं ऑंसू।

हैरान न हों देख दशा आप हमारी,
मज़दूर किसानों का तो संसार हैं ऑंसू।

जब जुल्म ज़ुबाँ खोलने की दे न इजाज़त,
तब दर्द बयाँ करने का हथियार हैं ऑंसू।

वादा किया था आपने अच्छे दिनों का जब,
फिर आज भी बहने को क्यों लाचार हैं ऑंसू।

उनको है किया वक़्त ने नाराज़ अगर तो,
ये प्रेम बढ़ाने में मददगार हैं ऑंसू।

है बात सही उनसे निभा साथ न लंबा,
'पर जान लिया प्यार का उपहार हैं आँसू'।

जब स्वाँग रचाने की ज़रूरत हो 'यती' तो
आते नहीं आराम से गद्दार हैं ऑंसू।

—राम प्रकाश यती, भारत

नकली हैं तो मक्कार का हथियार हैं आँसू,
सच्चे हैं तो इक क्रांति की हुंकार है आँसू।

ज़ालिम के नसीबों को तो दुश्वार हैं आँसू,
इंसान की पहचान का आधार है आँसू।

दुनिया में है इतिहास की जितनी भी किताबें,
आँसू की कथाएं हैं औ किरदार हैं आँसू।

रो लेंगे अगर आप जो अपनों से लिपटकर,
राहत की दवा दर्द का उपचार है आँसू।

बच्चा जो किसी दुख से दिखे रोता बिलखता,
सच है कि पहाड़ों से बड़ा भार है आँसू।

ख़ुशियों में भी आ जाते हैं चुपचाप लपक कर,
इस मीठी शरारत के गुनहगार हैं आँसू।

जज़्बात के सौदे से बने जिनका मुनाफ़ा,
इक जिंस हैं उनके लिए व्यापार हैं आँसू।

कमज़ोर समझने की ग़लतफ़हमी न पालें,
लिखते हैं बग़ावत वो क़लमकार हैं आँसू।

फ़रियाद किसी दर पे नहीं जब सुनी इनकी,
ख़ुद शर्म में डूबे हुए लाचार हैं आँसू।

—**लक्ष्मी शंकर वाजपेई,** भारत

हम प्यार के मारों का तो संसार हैं आँसू,
जीवन के हर इक पृष्ठ पे गुलज़ार हैं आँसू।

बेशक न कहानी मिरी अंजाम को पहुँची,
'पर जान लिया प्यार का उपहार हैं आँसू'।

उठ के किसी मुफ़लिस को ज़रा हाथ बढ़ाओ,
बेबस की भरी आँख में साभार हैं आँसू।

आँसू के निकलने में न है कोई बुराई,
बढ़ जाये कभी दर्द तो उपचार हैं आँसू।

दुःख दर्द ग़मों की ही नहीं सिर्फ़ अमानत,
ख़ुशियों में निकलते हैं तो बौछार हैं आँसू।

—**शिव मोहन सिंह,** किर्गिज़स्तान

12

हया उनकी इजाज़त दे तो कुछ बेबाक़ियाँ

मात्रा भार: 1222 1222 1222 1222
अरकान: मुफ़ाईलुन मुफ़ाईलुन मुफ़ाईलुन मुफ़ाईलुन

मिसरा : अनिमेष शर्मा 'आतिश'

ग़ज़लें

अनिमेष शर्मा 'आतिश', भारत
दिगम्बर नासवा, भारत
राम प्रकाश यती, भारत
अमर त्रिपाठी, भारत
प्रेम बिहारी मिश्र, भारत
लक्ष्मी शंकर वाजपेई, भारत

बहुत सर्दी है मन करता है कुछ दिन छुट्टियाँ कर लूँ,
ज़रा फ़ुर्सत निकालूँ घर में रह कर मस्तियाँ कर लूँ।

ज़ईफ़ी में शरारत का मज़ा कुछ और होता है,
अगर दुनिया इजाज़त दे तो कुछ बेबाकियाँ कर लूँ।

मुझे वो एक पल भी देख लें तो छेड़ दूँ उनको,
लबों को गोल कर लूँ और छोटी पुतलियाँ कर लूँ।

यहाँ इंसान का चाहा कभी होता नहीं , फिर भी,
मुझे मौक़ा मिले तो क़ैद सारी तितलियाँ कर लूँ।

न जाने क्या हुआ उनको उधर कोने में बैठे है,
इधर आएँ तो आँखों से ही कुछ मय-नोशियाँ कर लूँ।

अगर मौसम ज़रा खुल जाए तो दो काम हो जाएँ,
ज़रा सी धूप सेकूँ आप से सरगोशियाँ कर लूँ।

ये मौसम तो मेहरबाँ है अगर मंज़ूर हो तुमको,
तुम्हें दिल में बुला लूँ बन्द दिल की खिड़कियाँ कर लूँ।

वफ़ा की रहगुज़र में भी गुनाहों में फँसे हैं सब,
मगर 'आतिश' ये सोचे है कि थोड़ी नेकियाँ कर लूँ।

—अनिमेष शर्मा 'आतिश', भारत

कभी थोड़ी बहुत अनजान सी नादानियाँ कर लो,
बड़े क़द वालों से भी बोल कुछ गुस्ताखियाँ कर लो।

मिला है मौक़ा तो जी लो ज़रा सी ज़िंदगी तुम भी,
हो शोला या कि हो शबनम बढ़ो गल-बाहियाँ कर लो।

हुई हिम्मत नहीं, मौक़ा था, बीवी भी थी मायके में,
बहुत कहता रहा बदमाश दिल रँगरेलियाँ कर लो।

हक़ीक़त क्या है, ख़ुद को बात ये मालूम रखनी है,
भले दुनिया से आठों ही पहर नौटंकियाँ कर लो।

बहुत चालाकियाँ कर के अभी तक ज़िंदगी जी है,
कुछ इक पल हँस-हँसा कर, भूल सब नादानियाँ कर लो।

मुकद्दर में ही कर विश्वास तो होगा नहीं सब कुछ,
सुखी होगे वहन थोड़ी जो ज़िम्मेदारियाँ कर लो।

जिसे बस शौक़ लफ़्फ़ाज़ी का, वो ऐसा कहाँ बोले,
'हया उनकी इजाज़त दे तो कुछ बे-बाक़ियाँ कर लो'।

भले तुम घात या प्रतिघात मन में ठान आए हो,
'अमर' जब सामने है तो ज़रा अठखेलियाँ कर लो।

— **अमर त्रिपाठी,** भारत

लगा दूँ तिल उड़ा दूँ ज़ुल्फ़ कुछ गुस्ताखियाँ कर लूँ,
बुरा माने न ग़र ये हुस्न ख़ातिर-दारियाँ कर लूँ।

रहें वो रूबरू जब तक शरारत मन में रहती है,
'हया उनकी इज़ाज़त दे तो कुछ बेबाकियाँ कर लूँ'।

रही हो तुम, अभी भी हो, रहोगी उम्र भर मेरी,
अभी तेरे सगों से मिल के रिश्ते-दारियाँ कर लूँ।

मुहब्बत के ख़ज़ाने ढूँढने गहरे जो तुम उतरो,
समुन्दर से ज़ियादा दिल की मैं गहराइयाँ कर लूँ।

मुझे पहनो लगाओ पर तिजोरी में न रक्खों तो,
कभी कँगन गले की चेन ख़ुद को बालियाँ कर लूँ।

वो कहते हैं सलीका ही नहीं इज़हार का हमको,
तो क्या अब मैं सुलगते प्रेम को चिंगारियाँ कर लूँ।

जवानी से कहा बच्चे के दिल ने छोड़ दो अंकल,
ज़रा कुछ वक़्त दो मुझको में कुछ शैतानियाँ कर लूँ।

अभी पहला कदम है ज़िन्दगी का, साथ है दुःख सुख,
अगरचे हो तुम्हें मंज़ूर तो तैयारियाँ कर लूँ।

—दिगम्बर नासवा, मलेशिया

मैं कैसे दूर उनकी ख़ुद से अब परछाइयाँ कर लूँ,
यूँ गहरी और दिल के ज़ख्म की गहराइयाँ कर लूँ।

सुकूँ फिर चार सू होगा अगर हर कोई ये ठाने,
कि मैं ही ख़त्म अपने मन की सारी तल्खियाँ कर लूँ।

ये लम्बी उम्र इनायत है मेरे रब की बड़ी मुझ पर,
मैं क्यों सोचूँ कि कम कैसे ये अपनी झुर्रियाँ कर लूँ।

जहाँ हासिल नहीं है तेल, बाती या तो दीपक ही,
मेरे दिल की तमन्ना है वे रोशन बस्तियाँ कर लूँ।

जहाँ कूड़े के ढेरों से भी रोटी खाते हैं बच्चे,
उसी धरती पे मैं कैसे कहीं भी मस्तियाँ कर लूँ।

हमारे नाम से ही जाने क्यों पीछे वो हटते हैं,
'हया उनकी इजाज़त दे तो कुछ बेबाकियाँ कर लूँ'।

मेरी इस ज़िंदगी में 'प्रेम' से ही नूर आया है,
नहीं मुमकिन है ख़ुद ही दूर ये रानाइयाँ कर लूँ।

—**प्रेम बिहारी मिश्र,** भारत

अलावा इसके जो बोलो सभी तब्दीलियाँ कर लूँ,
मगर माँ-बाप से अपने मैं कैसे दूरियाँ कर लूँ।

कहा गुड़िया ने अम्मा से वहाँ बदलाव कर लूँगी,
अभी मैं मायके में हूँ तनिक अठखेलियाँ कर लूँ।

अगर बारिश भी हो तो भींगने से बच सकें बच्चे
ख़ुदा ताक़त अता कर दे कि ऐसा आशियाँ कर लूँ।

एसएमएस में छुअन की गंध हम तक आ नहीं पाती
इशारे से बुलाया है कि साँझा चिट्ठियाँ कर लूँ।

सियासी हूँ मेरे यारो अचंभित हो के मत देखो,
दिखाऊँगा असल चेहरा ज़रा नज़दीकियाँ कर लूँ।

ज़रा सी भूल पर दुनिया हज़ारों प्रश्न पूछेगी,
अभी बचपन नहीं बीता अभी तो ग़लतियाँ कर लूँ।

लड़ूँगा आख़िरी दम तक चटा के धूल मानूँगा,
दिया धोखा जिन्होंने मैं उन्हीं से संधियाँ कर लूँ।

इसी उम्मीद में बैठा हुआ हूँ मुद्दतों से मैं,
'हया उनकी इजाज़त दे तो कुछ बेबाकियाँ कर लूँ'।

—**राम प्रकाश यती,** भारत

हुआ है वक़्त चलने का तो कुछ तैयारियाँ कर लूँ,
किए हैं पाप जो ढेरों तो कुछ अच्छाइयाँ कर लूँ।

सुलगती हैं जो सीने में अंधेरों को मिटाने को,
कभी तब्दील शोलों में वो सब चिंगारियाँ कर लूँ।

है केवल जीतने की धुन इरादे कर लिए पक्के ,
मैं अपने नाम अब हारी हुई सब बाजियाँ कर लूँ।

अगर इस दौर में सच बोलना है एक गुस्ताख़ी,
तो दिल कहता है सौ सौ बार ये गुस्ताखियाँ कर लूँ।

मुझे इज़्जत की ख़ातिर जान देना भी गवारा है,
सियासतदां नहीं जो सर पे सौ बदनामियाँ कर लूँ।

जुदा हो जाओ पर 'तुमको भुला दूँ' यह क़सम मत दो,
मैं अपनी ज़िंदगी में कैसे ख़ुद वीरानियाँ कर लूँ।

ख़ुशी की ज़िंदगी को बस यही तरकीब सोची है,
जो मुरझाने लगी हैं फिर नई वो दोस्तियाँ कर लूँ।

बड़ी सी उम्र में भी मन में मेरे एक बच्चा है,
वो मुझसे कहता रहता है कि कुछ शैतानियाँ कर लूँ।

—लक्ष्मी शंकर वाजपेई, भारत

13

हम भी अपने पास रक्खें इक निशानी आपकी

मात्राभार: 2122 2122 2122 212
अरकान: फ़ाइलातुन फ़ाइलातुन फ़ाइलातुन फ़ाइलुन

मिसरा : सज्जाद अख़्तर

ग़ज़लें

अनिमेष शर्मा 'आतिश', भारत
दिगम्बर नासवा, मलेशिया
प्रज्ञा त्रिवेदी, भारत
मनोज अबोध, भारत
आमिर ख़ान, अमेरिका
प्रगीत कुँअर, ऑस्ट्रेलिया
मधु शर्मा, अमेरिका
सुरेंद्र मोहन कौशिक 'निर्मोही', अ.

हो गयी मशहूर इतनी लन्तरानी आपकी,
रोज़ सुनते हैं ग़ज़ल में हम कहानी आपकी।

ज़ख़्म इक गहरा हमारे भी जिगर को दीजिये,
'हम भी अपने पास रक्खें इक निशानी आपकी'।

बद-ज़बानी ने डुबोया है हमें मँझधार में,
आपको डूबी है लेकर ख़ुश गुमानी आपकी।

फ़ानी चीजों के लिए इतना गुमाँ अच्छा नहीं,
जान लीजे चंद-रोज़ा है जवानी आपकी।

राम जाने किस तरह हम आप से मिल पाएँगे,
कुल ज़माना कर रहा है पासबानी आपकी।

एक दिन रौ में कभी जो कर गए हमको अता,
आज तक दुख दे रही है मेहरबानी आपकी।

आप जो मशहूर हैं इसका सबब 'आतिश' ही है,
शायरी जिसने बनाई जावेदानी आपकी।

—**अनिमेष शर्मा 'आतिश'**, भारत

याद आती है मुझे रह रह जवानी आपकी,
ग़ुस्सा हर इक बात पे वो नक-चढ़ानी आपकी।

किस तरह मोवाज़ना मैं आपसे कर लूँ भला,
कस्मपुर्सी मेरी और वो ज़िंदगानी आपकी।
*मोवाज़ना=तुलना; कस्मपुर्सी=असहाय होना

मेरी हर हरकत भला कैसे समझ लेते हैं आप,
क्या बला की है क़सम से समझदानी आपकी।

आपके आलम में मिलता है सुकूँ किसको कभी,
ज़िंदगी में मुस्तक़िल ये ही रवानी आपकी।

करते हो हम पे करम, अपने अलग अन्दाज़ से,
हर सितम जैसे कि है इक मेहरबानी आपकी।

हम गुनहगारों पे भी कुछ तो करम कर दीजिये,
'हम भी अपने पास रक्खें इक निशानी आपकी'।

—**आमिर ख़ान,** अमेरिका

सब दराज़ें साफ़ कर लीं बात मानी आपकी,
क्या करूँ यादों का पर जो हैं पुरानी आपकी।

ज़ुल्फ़ का ख़म गाल का डिम्पल नयन की शोख़ियाँ,
उफ़ अदा उस पर चुनर सरके है धानी आपकी।

रात मद्धम, खुश्क लम्हे, टुक सरकती ज़िन्दगी,
बज उठे ऐसे में चूड़ी आसमानी आपकी।

शुक्र है आँखों कि भाषा सीख कर हम आये थे,
वरना मुश्किल था पकड़ना बेईमानी आपकी।

फैंकना हर चीज़ को आसान होता है सनम,
दिल से पर तस्वीर पहले है मिटानी आपकी।

जोश में कह तो दिया पर जा कहाँ सकते थे हम,
गाँव, घर, बस्ती, शहर है राजधानी आपकी।

ग़र इजाज़त और छोटा मोटा कुछ मिल जाए तो,
'हम भी अपने पास रक्खें इक निशानी आपकी'।

हमसे मिल कर चुभ गया काँटा सुनो जो इश्क़ का,
काम आएगी नहीं फिर सावधानी आपकी।

—**दिगम्बर नासवा,** मलेशिया

लोग लिखने जा रहे हैं जो कहानी आपकी,
हमको पूरी याद है वो मुँह-ज़बानी आपकी।

हमने ख़ुद ही चुन लिया है चाहिए जो भी हमें,
वन गमन अपने लिए और राजधानी आपकी।

आप कितना भी बदल जाएँ मगर है आज भी,
बस वही तस्वीर आँखों में पुरानी आपकी।

आपकी मर्ज़ी है पढ़ लें आप इसको जिस तरह,
हो चुकी है अब हमारी ज़िंदगानी आपकी।

आप सोएँ चैन से और हम ही जागें रात भर,
क्या हमें अब नींद भी होगी चुरानी आपकी।

क्यों बना रक्खी है आख़िर आपने ये दरमियाँ,
हमको वो दीवार भी होगी गिरानी आपकी।

आपको चुपचाप छिपकर दूर से ही देखकर,
पड़ रही यूँ दोस्ती हमको निभानी आपकी।

—**प्रगीत कुँअर,** ऑस्ट्रेलिया

जीत से पहले की देखी खींचा-तानी आपकी
सारे जग में अब है ज़ाहिर बेईमानी आपकी।

गुफ़्तगू का सिलसिला कोई तो आपस में बने,
आँखों से ही क्या पढ़ेंगे हम कहानी आपकी।

दिन में जैसे आसमाँ पर लाखों तारे उतरे हों,
ख़ूबसूरत ये चुनरिया आसमानी आपकी।

बेरूख़ी तो ख़ूब दी, अब बेवफ़ाई भी मिले,
'हम भी अपने पास रक्खें कुछ निशानी आपकी'।

जाँ भी हो हाज़िर अगर भारत पे आँच-आए कभी,
काम कब आएगी आख़िर नौजवानी आपकी।

आपकी ग़ज़लों से झरती भावनाओं की नदी,
लेखनी क्या, रोशनाई भी दीवानी आपकी।

हाथों में ले हाथ 'प्रज्ञा' करते हैं वादा यही,
मरते दम तक हम करेंगे निगहबानी आपकी।

—**प्रज्ञा त्रिवेदी,** भारत

चाँद को ढकती घटा फिर चुनर धानी आपकी,
तरसते दीदार को सूरत सुहानी आपकी।

कुछ मोहब्बत, कुछ ख़ुशामद का हमें भी मौक़ा दें,
छोड़ें भी अब रूठने की लत पुरानी आपकी।

भूले मुरली, राधा, गलियाँ व्रज की, गायें, गोपियाँ,
द्वारका जब से बनी है राजधानी आपकी।

क्यों भरोसा कर लिया जिसमें कोई भी सच न था,
जान लेवा हो गई झूठी कहानी आपकी।

केतकी, बेला, चमेली से महकती वादियाँ,
और उस पे बतियों की ये गुल-फ़िशानी आपकी ।
*गुल-फ़िशानी=फूल बिखेरना

चाँद, सूरज और तारे, सब ही मिल चर्चा करें,
धूप सी रंगत खिली जो ज़ा'फ़रानी आपकी।

रब मिलाएगा हमें इक दिन ये तय है, तब तलक,
'हम भी अपने पास रक्खें इक निशानी आपकी'।

बुझ चुके हैं दीप, होने को सवेरा भी है अब,
कब तलक रस्ता तके 'मोहना' दिवानी आपकी।

—**मधु शर्मा,** अमेरिका

थी कभी मशहूर काफ़ी बदगुमानी आपकी,
हमने भी अक्सर सुनी है ये कहानी आपकी।

उम्र गुज़री पर न भूले वो जवानी आपकी,
याद है ख़ुशबू अभी तक ज़ाफ़रानी आपकी।

याद रखती हैं कई पीढ़ी बड़े सम्मान से,
देश के यदि काम आए ज़िंदगानी आपकी।

प्लेट में दिल को सजा कर रख दिया था सामने,
भूलने से भी न भूले मेज़बानी आपकी।

आपसी सौहार्द्र को तरजीह देना सीखिए,
ले न डूबे आपको शोला-बयानी आपकी।

छेद कर देना उसी थाली में जिसमें खा रहे,
ये रवायत तो रही है ख़ानदानी आपकी।

जिसने चुनकर आपको भेजा उन्हें बिसरा दिया,
उम्र भर थोड़े रहेगी राजधानी आपकी।

दूसरों की बेटियों को घूरना अब छोड़िए,
क्या कभी होगी नहीं बिटिया सयानी आपकी।

इस अदालत से बड़ी भी इक अदालत और है,
सामने आएगी इक दिन बेईमानी आपकी।

—**मनोज अबोध,** भारत

ज़ीस्त की यादों से लाए इक कहानी आपकी,
याद कर आहें भरें ख़्वाब-ए-ज़वानी आपकी।

रह गए हम भी दयार-ए-ग़ैर में ना-आशना,
काश तड़पाएँ नहीं यादें सुहानी आपकी।

ऐ ख़्याल-ए-हुस्न सुन जा मह-जबीं दूजा नहीं,
घोलती नस-नस में रस शीरी बयानी आपकी,

गुम हुए जाने कहाँ पे किस क़दर ढूँढा किए,
मिल गए तो कर ही लें अब मेज़बानी आपकी,

हो रही क्यूँ आज़माइश बे-वज़ह की बात पर,
ज़िंदगी हो बहता दरिया हो रवानी आपकी।

तीर जो तुमने दिए हैं शौक़ से खाए बहुत,
'हम भी अपने पास रक्खें इक निशानी आपकी'।

महजबीं जो आप सा 'निर्मोही' को मिल जाए तो,
हर-सू फैली रौशनी हो शब-सुहानी आपकी।

—सुरेंद्र कौशिक 'निर्मोही', अमेरिका

14

क्या मिला इतना कमा कर

मात्रा भार: 22 22 22 22
अरकान: फ़ैलुन फ़ैलुन फ़ैलुन फ़ैलुन

मिसरा : अनमोल शुक्ल 'अनमोल'

ग़ज़लें

अनमोल शुक्ल 'अनमोल', भारत
आलोक अविरल, भारत
गीता कौशिक, अमेरिका
दिगम्बर नासवा, मलेशिया
पूनम माटिया, भारत
प्रज्ञा त्रिवेदी, भारत
प्रेम बिहारी मिश्र, भारत
मधु शर्मा, अमेरिका
ममता वार्ष्णेय, भारत
महबूब सोनालिया, भारत
राजेंद्र निगम 'राज'
राम प्रकाश यती, भारत
रेणु हुसैन, भारत
लक्ष्मी शंकर वाजपेई, भारत
विनिता तिवारी, अमेरिका

दिल को अपने आइना कर,
चल सकेगा सर उठा कर।

आँख रुख़सत पर किसी की,
रह गई थी डबडबा कर।

कोई मुझसे भी तो सीखे,
मुस्कुराना चोट खा कर।

मुफ़लिसी अपनी छुपा ली,
कुछ नए परदे सजा कर।

जो कि तुझमें बोलता है,
कौन है वो ये पता कर।

पास जब अपना न कोई ,
'क्या मिला इतना कमा कर'।

—**अनमोल शुक्ल 'अनमोल',** भारत

अब तो बस तू ये ज़रा कर,
देख दुनिया दिल लगा कर।

नफ़रतों से क्या मिलेगा,
प्यार के आगे झुका कर।

जोड़ ले सारी ये दुनिया,
तू अना अपनी घटा कर।

देख ख़ुशियों के नज़ारे,
दर्द से परदा हटा कर।

डूब कर हम पार होंवे,
अब तो केवल ये दुआ कर।

इल्तिजा है तुझसे मेरी,
आदमी से मत ख़ुदा कर।

काम दौलत कुछ न आई,
'क्या मिला इतना कमा कर'।

फ़लसफ़ा तू ज़िंदगी का,
ठीक से अब तो पढ़ा कर।

अब ठगे बैठे हो ख़ाली,
उम्र सारी यूँ लुटा कर।

—**आलोक अविरल,** भारत

ख़्वाब पलकों पर बिठाकर,
चेहरा घूँघट में छुपाकर।

इक सजी डोली में प्रियवर,
प्यार से लाए बिठाकर।

छाँव तारों की घनेरी,
चाँद की मस्ती चुराकर।

साथ में लाई हूँ अपने,
अनगिनत सपने सजाकर।

चाहे जैसा भी हो मौसम,
रखना सर-आँखों बिठाकर।

प्यार का इज़हार करते,
राह के दीपक जलाकर।

पलकों पर उतरी नमीं गर,
'क्या मिला इतना कमा कर'।

साथ में मिल-जुल चलेंगी,
ख़ुशियाँ घर-संसार पाकर।

तुम शिरोभूषण हो मेरे,
वादा, रक्खूँगी निभा कर।

—**गीता कौशिक,** अमेरिका

अजनबी अपना बना कर,
ले गया सपने चुरा कर।

डर है ग़र ये खो न जाए,
'क्या मिला इतना कमा कर'।

अपनों से अब अपने मिलते,
चेहरे पे चेहरा लगा कर।

हाले दिल कानों में बोला,
एक झुमका खिलखिला कर।

गाल पर उफ़ हल्का डिंपल,
जान ले-लो मुस्कुरा कर।

धूप छिटकी है गगन पे,
आ गई हो क्या नहा कर।

इश्क़ होगा वरना कैसे,
ख़ुश हैं वो सब कुछ लुटा कर।

अक्स उनके धुँधले-धुँधले,
छू गए माज़ी से आ कर।

उनके दिल पर लिख ही दूँगा,
नाम अपना सब मिटा कर।

—दिगम्बर नासवा, मलेशिया

चार दिन को घर बनाकर,
दिल को तोड़ा, दिल में आकर।

ज़िंदगी रौशन हुई क्या,
क्या मिला दिल को जलाकर।

आदतों को क्यों बिगाड़ा,
नाज़-नख़रे सब उठाकर।

ख़ामोशी हर सू है छायी,
धूप पसरी मुँह फुलाकर।

एक लम्हा भी न गुज़रे,
रुक गयी है रात आकर।

झील गहरी है ग़मों की,
कैसे उभरें पार जाकर।

थी जो 'पूनम' अब है मावस,
तुमने खोया चाँद पाकर।

भोग पाये हम नहीं जब,
'क्या मिला इतना कमाकर'।

—**पूनम मटिया,** भारत

लेते हैं दिल छुप-छुपाकर,
हमको ही हमसे चुराकर।

देखते हो कैसे सपने,
ख़ुद से मुझको ही घटाकर।

पढ़ भी लो वो ढाई आखर,
रक्खे जो सब से छुपाकर।

ग़ज़लों के जैसे तुम्हे भी,
देख लें क्या गुनगुनाकर।

संग कुछ ले जा न पाए,
'क्या मिला इतना कमा कर'।

रिश्तों को नर्मी से पकड़ो,
छूटें ना वो कसमसाकर।

आख़िरी साँसें है माँ की,
मिल भी आओ गाँव जाकर।

तीरगी भीतर ही जब तक,
क्या मिलेगा लौ बढ़ाकर।

लक्ष्य हो आसान 'प्रज्ञा',
साधना कर मन लगा कर।

—प्रज्ञा त्रिवेदी, भारत

आईनों के गीत गाकर,
क्यों जिएँ ख़ुद को भुला कर।

घाट का हूँ मैं न घर का,
इश्क़ ने छोड़ा मिटा कर।

साँस मेरी ले उड़ा वो,
पास मुझको कुछ बिठा कर।

धड़कनों पर बस न अपना,
चुप वो बैठे हैं बुला कर।

वे उड़ानें क्या भरेंगे,
बिक गए जो पर कटा कर।

आसमां टूटे भले ही,
हम जिएँगे सिर उठा कर।

उसने मिट्टी भी उड़ा दी,
वादे मिट्टी में मिला कर।

खो दिया ख़ुद को भी हमने,
'क्या मिला इतना कमा कर'।

जब ज़मीं पर 'प्रेम' पाया,
क्या करें जन्नत में जा कर।

—**प्रेम बिहारी मिश्र,** भारत

इश्क़ में सब कुछ लुटा कर
ख़ाक में ख़ुद को मिला कर।

बादलों की आड़ में छुप,
चाँद हँसता खिल-खिला कर।

चाँदनी चुप रह न पाई,
बात कह डाली लजा कर।

रात को सो भी न पाए,
'क्या मिला इतना कमा कर'।

बेच कर ईमान-दीं फिर,
जी न पाये सिर उठा कर।

चाहती बेटी बचाना,
कोख को झूठी बता कर।

लोग कमरों में सजाते,
बाग़ से तितली चुरा कर।

अब नहीं चलती है 'मोहना'
आग से दामन बचा कर।

—**मधु शर्मा,** अमेरिका

सोचते हैं सब गंवा कर,
जोड़ बाक़ी कर करा कर।

मेरी क़िस्मत में सिफ़र है,
'क्या मिला इतना कमा कर'।

साँस मेरी थम गई है,
तेरी साँसें पास पाकर।

दूर से ही सब भला था,
क्या मिला नज़दीक आकर।

रात भागी है फटाफट,
सामने सूरज को पाकर।

कब पकड़ में आया तूफ़ाँ,
आग जंगल में लगा कर।

टोह लेता चाँद हरदम
आ मिले हम छुप छुपाकर

सो गई है रात रानी,
सारी दुनिया को सुला कर।

—ममता वार्ष्णेय, भारत

आज इस महफ़िल में आ कर,
रो पड़े सब को हँसा कर।

दर ब दर फिरने लगा हूँ,
आशियाँ अपना बसा कर।

आईना छोटा नहीं है,
क़द कभी अपना बड़ा कर।

ज़िंदगी को जी न पाए,
'क्या मिला इतना कमा कर'।

अब नही इच्छा कोई भी,
पा लिया सब तुमको पा कर।

फिर रहा है हर कोई क्यों?
आसमाँ सर पर उठा कर।

याद आएगा बहुत फिर,
देख ले उसको भुला कर।

—**महबूब सोनालिया,** भारत

फूँक देंगे घर जला कर,
देख ले तू आज़मा कर।

थक गए हैं दिल लगा कर,
आग अश्क़ों से बुझा कर।

लूटने उनको गए थे,
आ गए सब कुछ लुटा कर।

बिन हमारे शून्य हो तुम,
देख लो मुझको घटा कर।

भर गया दिल इस जहां से,
ले चलो हमको उठा कर ।

देख लो हासिल हुआ क्या,
जंग का झंडा उठा कर।

हाथ ख़ाली जा रहे हैं,
'क्या मिला इतना कमा कर'।

—राजेंद्र निगम 'राज'

गर्त में हमको गिराकर,
हँस रहे हो खिल-खिलाकर।

और छोटा हो गया हूँ,
गाँव से मैं शहर आकर।

है नहीं उड़ना असंभव,
पंख देखें फड़-फड़ाकर।

आज भी है याद मुझको,
देखना वो मुस्कराकर।

याद आना छोड़ दें वो,
कर सके तो ये दुआ कर।

देख पाया वो न यह भी,
जीना मेरा हल चला कर।

है हक़ीक़त में कठिन तो,
रोज़ सपने में मिलाकर।

रह गई करवट बदलती,
भूख बच्चों को खिला कर।

ग़लतियाँ मुझसे भी होंगी,
आदमी हूँ कुल मिलाकर।

—**राम प्रकाश यती,** भारत

दर्द में भी मुस्कुराकर,
क्या मिला गौहर लुटा कर।

अपनी नादानी को रख ले,
इस ज़माने से छिपा कर।

फ़िक्र है नासूर जैसे,
फ़िक्र को तू रख हटा कर।

आज तक है दिल पशेमां,
'क्या मिला इतना कमा कर'।

कर मदद जब भी किसी की,
रख नज़र को तू झुका कर।

'रेणु' जन्नत ही मिलेगी,
पाँव माँ के तू छुआ कर।

—**रेणु हुसैन,** भारत

थक गया उसको बुलाकर,
जा बसा जो दूर जाकर।

रौनकें शहरी भुलाकर,
बस गया है गांव जाकर।

ख़ूब लूटा है मुनाफ़ा,
काँच को हीरा बता कर।

चैन की गर चाह है तो,
ख़्वाहिशें रख दो सुला कर।

दिख रही ख़ुशरात कितनी,
चाँदनी का साथ पाकर।

मत दिखा जन्नत के सपने,
रहनुमा इतनी दया कर।

ख़ूब चमकामा है उसने,
झूठ को नहला धुला कर।

मिल गए दाने जो उसको,
ख़ुश है वो पिंजरे में जाकर।

ख़ुद वो गुमनामी में भटका,
राह औरों को दिखाकर।

—लक्ष्मी शंकर वाजपेई, भारत

जम गये वो घर में आकर,
बिन बुलाए, बिन बताकर।

ख़ास मुद्दों पर हुए चुप,
अपने मन की कह-सुना कर।

गर पकड़ आ जाए चोरी,
भाग लो फिर दुम दबाकर।

फ़ायदा होना भी क्या था,
बेरहम से दिल लगाकर।

हाथ की देखो सफ़ाई,
ठग लिया सपने दिखाकर।

चैन ही जब मिल न पाया,
'क्या मिला इतना कमाकर'।

—**विनिता तिवारी,** अमेरिका

15

उम्र भर क्यूँ न दूँ मैं दुआ आपको

मात्रा भार: 212 212 212 212
अरकान: फ़ाइलुन फ़ाइलुन फ़ाइलुन फ़ाइलुन

मिसरा : अनमोल शुक्ल 'अनमोल'

ग़ज़लें

अमर त्रिपाठी, भारत	अशोक सिंह, अमेरिका
आलोक अविरल, भारत	दिगम्बर नासवा, मलेशिया
प्रज्ञा त्रिवेदी, भारत	प्रेम बिहारी मिश्र, भारत
राजेंद्र निगम 'राज', भारत	सज्जाद अख़्तर, भारत

देखना दे न दे वो दगा आपको,
सीधे कर दे न दिल से दफ़ा आपको।

कोई इल्ज़ाम कैसे धरें आप पर,
जब ख़ुदी से नहीं है वफ़ा आपको।

हाथ जब भी उठेंगे दुआ के लिए,
जो भी माँगेंगे देगा ख़ुदा आपको।

रत्ती भर आस मिलने की जब भी दिखी,
उसने मिलने को झट से कहा आपको।

शादी के बाद जब कुछ ख़ुलासा हुआ,
सोचता फिर रहा क्यों सहा आपको।

सिर्फ तुमने नही है ठगा अब तलक,
'उम्र भर क्यूँ न दूँ मैं दुआ आपको'।

आँख भर आई, जब याद आया उसे,
जाने क्या-क्या जुनूँ में कहा आपको।

तन्हा था तो 'अमर' सोचता ही रहा,
कुछ कहा तो नही बे-वज़ह आपको।

—**अमर त्रिपाठी,** भारत

चाहा था उसने बे-इंतिहा आप को,
उम्र भर तन्हा रह क्या मिला आप को।

औरों के ग़म से निस्बत न कोई रही,
यूँ अचानक से क्या हो गया आप को।

यूँ न किरदार में हर ढला कीजिए,
लोग समझेंगे बहरूपिया आप को।

साथ रह कर भी साथ आप होते नहीं,
कह दें खुल कर के क्या गुमशुदा आप को।

बस उसी एक लम्हे की दे कर सदा,
ढूँढती रहती है इक ख़ता आप को।

देखते ही दिल-ओ-जान मख़मूर हो,
कह दूँ क्या खुल के अब मयकदा आप को।

दर्द-ए-दिल दे गए उम्र भर का तो फिर,
'उम्र भर क्यूँ न दूँ मैं दुआ आपको'।

बस यूँ हँसते-हँसाते ही अच्छे लगें,
रास आए न गंभीरता आप को।

— **अशोक सिंह,** अमेरिका

रूह का मान कर आइना आपको,
दिल ने सौ बार सजदा किया आपको।

रात दिन मैंने पल पल जिया आपको,
फिर भी है मुझ से शिकवा गिला आपको।

आपसे ख़ुशनुमा ज़िंदगी आजकल,
इस इनायत का दूँ क्या सिला आपको।

नाम है हर ज़ुबाँ पर तो बस आपका,
कौन है जो नहीं जानता आपको।

हूँ जहाँ आज मैं, आप ही वज़्ह हैं
'उम्र भर क्यूँ न दूँ मैं दुआ आपको'।

क्यों है दिल में उदासी नमी आँख में,
इस क़दर चुप हैं क्यों क्या हुआ आपको।

खोजता हूँ मैं ख़ुद को कई रोज़ से,
क्या पता है मेरा अब पता आपको।

बात होगी अगर अपने हालात की,
चुप ही रह कर मैं दूँगा सदा आपको।

—**आलोक अविरल,** भारत

गुलबदन हुस्न की अप्सरा आपको,
कह दिया, कह दिया, कह दिया आपको।

चाँदनी बन के राहों में खिलती हो तुम,
'उम्र भर क्यूँ न दूँ मैं दुआ आपको'।

सकपकाईं कभी, कसमसाईं कभी,
क्या किसी ने कभी कुछ कहा आपको।

धूप का पैरहन है तो क्यों न कहूँ,
ज़िन्दगी की मुसलसल शमा आपको।

देख कर क्यों चबाती हो नाखून यूँ,
क्या हुआ ऐ सनम, क्या हुआ आपको।

हम-कदम रहनुमा, हमसफ़र हमनवा,
क्यों न खुल कर मैं कह दूँ ख़ुदा आपको।

हाथ छोड़ा तो काटें न परछाइयाँ,
तनहा तनहा सफ़र आपका आपको।

उड़ के ऊँचा अचानक ही फट जाओगे,
वक़्त कर दे न यूँ बुलबुला आपको।

—दिगम्बर नासवा, मलेशिया

जाम आँखों से ही दें पिला आपको,
इश्क़ में देंगे वो और क्या आपको।

दोस्ती में नही दूरियाँ आने दो,
हानि हो या हमें हो नफ़ा, आपको।

इश्क़िया मूड से बाज़ आ आइये,
आँच नाहक न ये दे जला आपको।

बाँच लेते हैं मन चेहरे से आपका,
माजरा कहिए क्या, दें बता आपको।

वो भी क्या दिन थे के होती थी गुफ़्तगू
चार दिन भर के जी, जी लिया आपको।

आपने जो दिये हैं सबक प्यार में,
'उम्र भर क्यूँ न दूँ मैं दुआ आपको'।

आज खो दो हमें बेरूख़ी से भले,
याद कल आएंगे शर्तिया आपको।

तोड़ने के तरीक़े हैं 'प्रज्ञा' बहुत,
सीखिए कैसे सब जोड़ना आपको।

—**प्रज्ञा त्रिवेदी,** भारत

दे रहा दिल हमारा दुआ आपको,
काश कोई सिखा दे वफ़ा आपको।

खोल कर खिड़कियाँ भी रखा कीजिए,
मिल सके ताज़ा कुछ तो हवा आपको।

हम से नाराज़ क्यों हैं बता दें हमें,
ख़ुद को भी ये अगर हो पता आपको।

ले गई जो संदेशा दिल-ए-ज़ार का,
कुछ बता कर गई क्या हवा आपको।

आग दिल में जला कर जो बैठे हैं आप,
कर न दे वो कहीं पर फ़ना आपको।

साथ तन्हाइयों का हमें मिल गया,
दे दिया जो दगा शुक्रिया आपको।

छू लिया हमने जब भी कहीं पर गुलाब,
यूँ लगा जैसे हमने छुआ आपको।

आपने जो हमारा ये दिल ले लिया,
'उम्र भर क्यूँ न दूँ मैं दुआ आपको'।

'प्रेम' दिल में रहे ख़ुश रहे ज़िंदगी,
है ये छोटा सा इक मशवरा आपको।

—**प्रेम बिहारी मिश्र,** भारत

हैं निगाहें झुकी, क्या हुआ आपको,
आ रही क्या, हमीं से हया आपको।

आप मानें न मानें मगर लग गई,
इस ज़माने की शातिर हवा आपको।

ज़ख़्म मेरा किया यार नासूर तो,
'उम्र भर क्यों न दूँ मैं दुआ आपको'।

क़त्ल जिनका किया सिर्फ नज़रें मिला,
उन सभी ने मेहरबां कहा आपको।

आप ख़ुद्दार हैं, डर नहीं मौत का
वक़्त सकता नहीं है झुका आपको।

सात जन्मों तलक साथ छूटे न अब,
हमने दिल में लिया है बसा आपको।

धड़कनें बढ़ गईं इसलिए आपकी,
'राज' ने हमसफ़र कह दिया आपको।

—राजेंद्र निगम 'राज', भारत

लग न जाए कोई बद्दुआ आपको,
मिल न जाए कोई आप सा आपको।

ये लक़ब जाने कैसे मिला आपको,
लोग कहने लगे पारसा आपको।

यूँ न सबकी सज़ा आप तय कीजिये,
कल वहाँ कोई देगा सज़ा आपको।

मिल गए ज़ख़्म कितने मुझे आपसे,
'उम्र भर क्यूँ न दूँ मैं दुआ आपको'।

आप इक मर्तबा हुक्म तो कीजिए,
किसमें हिम्मत है कर दे ख़फ़ा आपको,

कर के मिसमार शहर ए दिल ए नातवां,
जाइए दे दिया रास्ता आपको।

सब्ज़ बाग़ इनको दिखलाइये मुस्तक़िल,
ये बना देंगे इक दिन ख़ुदा आपको।

आपने भी कहीं का न छोड़ा हमें,
हमने भी क्या से क्या कर दिया आपको।

—**सज्जाद अख़्तर,** भारत

16

मैं आईना हूँ मुझे टूटने की आदत है

मात्रा भार: 1212 1122 1212 22
अरकान: मुफ़ाइलुन फ़इलातुन मुफ़ाइलुन फ़ेलुन

मिसरा : सज्जाद अख़्तर

ग़ज़लें

अमर त्रिपाठी, भारत	पूनम माटिया, भारत
प्रगीत कुँअर, ऑस्ट्रेलिया	भावना कुँअर, ऑस्ट्रेलिया
मधु शर्मा, अमेरिका	लक्ष्मी शंकर वाजपेई, भारत
शिव मोहन सिंह, किर्गिज़स्तान	सज्जाद अख़्तर, भारत

बने जो मिट्टी से मिट्टी की उन्हें आदत है,
जो काँच से हैं उन्हें टूटने की आदत है।

ये जोड़ तोड़ दिखावा है दुनिया भर का क्यों,
सियासी हैं नहीं सच बोलने की आदत है।

रहूँगा बात पे उनकी मैं चुप ये था सोचा,
करूँ मैं क्या मुझे भी बोलने की आदत है।

जो काम आए कभी उनका सोच कर करना,
अमीर लोगों को फिर भूलने की आदत हैं।

हज़ार बार यही कह के थक गया सबसे,
'मैं आईना हूँ मुझे टूटने की आदत है'।

— **अमर त्रिपाठी,** भारत

न रंग कोई न रंगीनियों की चाहत है,
मेरे नसीब को मुझसे कोई अदावत है।

अगर नहीं है ज़रूरत तो तोड़ दो मुझको,
'मैं आईना हूँ मुझे टूटने की आदत है'।

कहाँ-कहाँ से रफ़ू हो ये ज़िन्दगी साहिब!
हर एक मोड़ पे आती नयी मलामत है।
*मलामत=भर्त्सना, दोषारोपण

चहार सिम्त ख़ुशी की तलाश है लेकिन,
हर एक सू ही ग़मे-ज़िन्दगी मुसल्लत है।

उतर के आ गया है आसमां ज़मीं के पास,
कि बूँद बारिशों की भी निशाने-उल्फ़त है।

—**पूनम माटिया,** भारत

उन्हें सवाल बहुत पूछने की आदत है,
हमें भी यार बहुत बोलने की आदत है।

खड़े हैं पेड़ कड़ी धूप और आँधी में,
यूँ मुश्किलों से उन्हें जूझने की आदत है।

सुबह से शाम तो सूरज सफ़र में रहता है,
ढले जो शाम उसे डूबने की आदत है।

नदी, पहाड़, खुला आसमान और बादल,
ये आसपास हमें देखने की आदत है।

गुलों को खिलते हुए देख जो नहीं सकते,
ज़हर फ़िज़ा में उन्हें घोलने की आदत है।

कभी तो झूठ हमें बोलना ही पड़ता है,
क्यूँ सच ही बोलना ये आईने की आदत है।

ये डालियाँ हैं इन्हें कौन भला रोकेगा,
हवा के साथ उन्हें झूलने की आदत है।

ख़ुद अपने घर से जिन्हें कर दिया गया बाहर,
तभी घरों में उन्हें झांकने की आदत है।

—**प्रगीत कुँअर,** ऑस्ट्रेलिया

उसे तो झूठ सदा बोलने की आदत है,
हमें न ऐसे में कुछ की टोकने आदत है।

मुझे मनाना नहीं है अब ऐसे लोगों को,
जिन्हें कि वज़ह बिना रूठने की आदत है।

मेरी उमीद सदा सोचती है रह रह कर,
तुम्हारे ख़्वाब को क्यों टूटने की आदत है।

हमारे दिल में हैं महफ़ूज़ यादें सब उसकी,
उसे ही यादें मेरी भूलने की आदत है।

हमारे दिल में कभी नफ़रतें नही रहतीं,
हमें तो प्यार ही बस बाँटने की आदत है।

सुकून-ए-दिल उन्हें हरगिज़ नहीं मिलेगा कभी,
हमारे घर को जिन्हें लूटने की आदत है।

ख़याल-ओ-ख़्वाब से मैं किस तरह निकल जाऊँ,
मैं 'भावना' हूँ मुझे सोचने की आदत है।

—भावना कुँअर, ऑस्ट्रेलिया

बिना ही बात उन्हें रूठने की आदत है,
क़हर है ये भी कि फिर भूलने की आदत है।

खिली फ़िज़ाओं में गुलशन के शोख़ भँवरों को,
हसीन तितलियों से खेलने की आदत है।

खुली ये ज़ुल्फ़ें अटकती हैं जबीं पर ऐसे,
लगे कि जैसे इन्हें बरसने की आदत है।

हुज़ूर आप इसे प्यार मत समझ लेना,
हसीनों की तो ये दिल लूटने की आदत है।

क़सम ज़रूरी नहीं, हाथ में पियाला नहीं,
मुझे तो ऐसे ही सच बोलने की आदत है।

हज़ार बार झलक तेरी दिखाऊँगा भले,
'मैं आईना हूँ मुझे टूटने की आदत है'।

वतन का पासबॉं हूँ, पासबॉं वतन मेरा,
सिपाही हूँ मैं, मुझे जागने की आदत है ।

दिलों दिमाग की गहराइयों में छा के 'मधु',
कली गुलाब की हूँ, महकने की आदत है।

—**मधु शर्मा,** अमेरिका

उन्हें चमकते से इक क़ाफ़िले की आदत है,
हमें तो धूल भरे रास्ते की आदत है।

किसी इलाक़े में या ज़िंदगी में आए कभी,
तबाह करने की ही ज़लज़ले की आदत है।

सियासी कारकुनों की भी ज़िंदगी है क्या,
जिन्हें इशारों पे बस नाचने की आदत है।

ये आप सोचिए है झूठ क्या ग़लत है क्या,
हवा में लफ्ज़ उसे फेंकने की आदत है।

हमेशा गालियाँ औरों को कोसते रहना,
ये बोलने का चलन सरफिरे की आदत है।

ये आप हम भी ज़रा सीख ले परिंदे से,
कि शाम होते जिसे घोसले की आदत है।

जो सुर में गाया तो मुमकिन है सब बुरा माने,
ये भीड़ वो है जिसे बेसुरे की आदत है।

— **लक्ष्मी शंकर वाजपेई,** भारत

मुसीबतों से मुझे जूझने की आदत है,
कोई भी दौड़ सदा जीतने की आदत है।

कड़ी हो धूप, या फिर बर्फ़ की हवाएं हों,
मैं राहगीर मुझे रास्ते की आदत है।

वो मान जाएगा कैसे कभी मोहब्बत में,
ज़रा सी बात पे दिल तोड़ने की आदत है।

चुनौतियों से परेशान हो चुके बच्चे,
नया शुरू करूँ तो टोकने की आदत है।

कभी न हो सके पैरों पे वो खड़े अपने,
बुरी है उसकी ये जो माँगने की आदत है।

—**शिव मोहन सिंह,** किर्गिज़स्तान

हर एक बात में कुछ जोड़ने की आदत है,
दिलो दिमाग़ को तो वसवसे की आदत है।

क़सूर कुछ भी तुम्हारा नहीं है तुम जाओ,
'मैं आईना हूँ मुझे टूटने की आदत है'।

तुम्हारी रहगुज़र जिस रास्ते में पड़ती थी,
मुझे अभी तलक उस रास्ते की आदत है।

किसी भी बात को संजीदगी से मत लेना,
हँसी मज़ाक़ तो मुझ बावरे की आदत है।

तुम्हारी नींद में कोई ख़लल न पड़ जाए,
हमारा क्या है हमें रतजगे की आदत है।

था मेरा ख़्वाब रगे जाँ से भी क़रीब रहो,
मेरा नसीब तुम्हें फ़ासले की आदत है।

हक़ीक़तन नहीं ताबीर की कोई सूरत,
पर उसका ख़्वाब हमें देखने की आदत है।

किसी किसी में ही होती है ये सिफ़त 'अख़्तर,'
कि माफ़ करना बड़े हौसले की आदत है।

—**सज्जाद अख़्तर,** भारत

17

हर बात नहीं कहते हैं हम यूँ ही किसी से

मात्रा भार: 221 1221 1221 122
अरकान: मफ़ऊल मुफाईलु मुफाईलु फऊलुन

मिसरा : अनमोल शुक्ल 'अनमोल'

ग़ज़लें

अमर त्रिपाठी, भारत
भावना कुँअर, ऑस्ट्रेलिया
मधु शर्मा, अमेरिका
मनोज अबोध, भारत
लक्ष्मी शंकर वाजपेई, भारत

बस में नही, बिगड़ा रहा है हाल तभी से,
जिस दिन से मिली ज़ोहरा जबीं अपनी ख़ुशी से।

वो अपना या बेगाना है ये वक़्त ही जाने,
दिल अपना लगा है तो निभायेंगे उसी से।

कहते हैं उसी से, जिसे दिल मानता अपना,
'हर बात नही कहते हैं हम यूँ ही किसी से'।

यह सोचना ही व्यर्थ है क्यों किससे मिले हम,
ख़ुश होइए हर हाल में, मिलिए भी सभी से।

हर रोज़ तो लिखना रहा है शे'र बा-मुश्किल
कुछ हाल की, हालात की बातें हो सभी से।

जब तक रहे जिंदा तो 'अमर' सबको रुलाया,
यह सोच के मर जाएँ क्या हम आज ख़ुशी से।

— **अमर त्रिपाठी,** भारत

तकलीफ़ सभी को दें जो चेहरें ये दुःखी से,
कुछ बात कहो ऐसी कि सब झूमें ख़ुशी से।

इज़्ज़त है मेरी नाम है औ शान भी अपनी,
बिन बात के मैं बात नहीं करती किसी से।

निकली हूँ धड़ल्ले से उजालों के सफ़र पर,
रोकेगा मुझे कौन भला पूछो सभी से।

लोगों को गिला ये ही रहा मुझसे ये हरदम,
मे'आर से मेरे है बनी दूरी सभी से।

माना कि मिली हूँ नहीं उससे मैं अभी तक,
पर ज़ेहन में मेरे लगी है लौ तो उसी से।

है 'भावना' रातों में भी अब चैन न आराम,
भीगा रहे तकिया मेरी आँखों की नदी से।

—भावना कुँअर, ऑस्ट्रेलिया

सज धज के जभी निकले हैं वो अपनी गली से,
तो चाँद भी दीदार को निकला है तभी से।

भँवरे ने कही बात ही कुछ ऐसी कली से,
सागर भी मचलने लगा मिलने को नदी से।

मत तोड़ो कभी भूल से अरमानों भरा दिल,
यूँ ही नहीं करता है कोई प्यार किसी से।

कुछ ख़ास दिखा तुम में तभी खोला दिल अपना,
'हर बात नहीं कहते हैं हम यूँ ही किसी से'।

रखता है हुनर कोई तो हर शख़्स यहाँ पर,
सम्मान करो सबका, करो प्यार सभी से ।

हर युग में जनम एक ले अवतार यहाँ पर,
विजयी रहे हरदम ही सदाचार बदी से।

हमराज़ मिले ऐसा करे ये ही दुआ 'मधु'
दुख जिस के हो दुख से, ख़ुशी हो जिस की ख़ुशी से।

—**मधु शर्मा,** अमेरिका

दावा तो नहीं कोई बड़ा करता अभी से,
वो जान भी माँगेगा अगर, दूँगा ख़ुशी से।

तुम इतना विचारो न भरे नीव में पानी,
कमज़ोर हुई जाती है दीवार नमी से।

चलते हुए घट जाती है रफ़्तार ही अक्सर,
कुछ खास मरासिम हैं रहे उसकी गली से।

सम्मान भी देता है वो एहसान जताकर,
वाक़िफ़ हूँ बहुत ख़ूब मैं भी उसकी हँसी से।

हैं प्यार में बाक़ी अभी दुश्वारियाँ कितनी,
तुम थकने लगे यार बताओ तो अभी से।

घर छोड़ के निकली तो न लौटी वो कभी फिर,
क्या बात थी पर्वत ने कही शोख़ नदी से।

—**मनोज अबोध,** भारत

दिन रात बहा करती है वो अपनी ख़ुशी से
ताक़त ये उसे कैसे मिली पूछो नदी से।

जिसको ये कहा था कि बताना न किसी से,
था वो भी अजब शख़्स कि कह आया सभी से।

सौ साल में बस एक ही दिन अम्न का दे दो,
फ़रियाद यही मैंने रखी अपनी सदी से।

वो वक़्त तो हर वक़्त बताती है यक़ीनन,
हो काश पता वक़्त की नीयत भी घड़ी से।

सच के ही लिए जूझ के सौ ख़तरे उठाए,
ख़ामोश नहीं बैठा कभी डर के किसी से,

तब राम की मुस्कान के जादू को समझना,
जब लोग डरे सहमे हो रावण की हँसी से।

नफ़रत का अगर रोग लिए है तू घिनौना,
हरगिज़ न तुझे देंगे सुकूँ काबा कलीसे।

हो जाएँ सजग ख़ुद को बहकने से बचाएँ,
जब लफ्ज़ फ़रेबी के हों मिसरी की डली से।

एहसास बनाते हैं किसी कविता को कविता,
बनती नहीं अल्फ़ाज़ की वो कारीगरी से।

—**लक्ष्मी शंकर वाजपेई,** भारत

18

तुम्हें देख कर कही थी जो ग़ज़ल सुना रहा हूँ

मात्रा भार: 1121 2122 1121 2122
अरकान: फ़यलात फ़ाइलातुन फ़यलात फ़ाइलातुन

मिसरा : अनिमेष शर्मा 'आतिश'

ग़ज़लें

अशोक सिंह, अमेरिका   मधु शर्मा, अमेरिका
सुरेंद्र मोहन कौशिक 'निर्मोही', अमेरिका
सुषमा मल्होत्रा, अमेरिका

जो फ़साने ज़िंदगी के, थे सुने सुना रहा हूँ,
जो गये थे आज़मा कर, उन्हें आज़मा रहा हूँ।

भले लाया दर्द, आँसू, था मैं बेक़सूर हरदम,
किसी बावरे से मन का, बस डाकिया रहा हूँ।

रहा गोया के चुनांचे, का फ़साना जिनको हरदम,
वो चुनाँ-चुनीं की बातें कहें मैं बना रहा हूँ।
*गोया=जैसे, चुनांचे=फलस्वरूप, चुनाँचुनीं=ये वो

ग़म-ए-जाँ ग़म-ए-जहाँ को किसी मय के प्याले में रख,
ये मोहब्बतों का नग़मा, मैं भी गुनगुना रहा हूँ।

मुझे है यक़ीन आख़िर, में है आना पास ख़ुद के,
ज़रा देखने को दुनिया, यूँ ही मिल-मिला रहा हूँ।

चलो माना दुख़्तर-ए-रज़, जो पड़ी गले, न छूटी,
मैं तो शौक़िया ही इसको, ज़रा मुँह-लगा रहा हूँ।
*दुख़्तर-ए-रज़=अंगूर की बेटी

वही हुस्न की कहानी, वही दर्द का फ़साना,
'तुम्हें देख कर कही थी जो ग़ज़ल सुना रहा हूँ'।

कभी गीत जिस में तेरी, दिल-ओ-जान की कसक थी,
नई तर्ज़ में उसी को, तुझे फिर सुना रहा हूँ।

— **अशोक सिंह,** अमेरिका

प्रिये भोर से सुरीला, है जो गुनगुना रही हूँ,
ख़ुशियों सी ज़िन्दगी है, तो मैं मुस्कुरा रही हूँ।

थे झलक भरे जो लम्हे, कभी जीऊँ जा के उनमें,
तनहाइयाँ न भायें, ख़ुदी बड़बड़ा रही हूँ।

प्रभु आप की दुआ से, ही ये काम हो रहे हैं,
लो मैं आपके ही चरणों, में ये सिर झुका रही हूँ।

जो छुपी थी बात दिल में, अभी आ गई ज़ुबां पर,
'तुम्हें देख कर कही थी जो ग़ज़ल सुना रही हूँ'।

जो कहानियाँ सुनी थी, परियों की माँ से, बा से,
वो ख़याली थीं सभी को 'मधु' अब बता रही हूँ।

—**मधु शर्मा,** अमेरिका

तुम्हें ख़्वाबों में सजा कर नई धुन बना रहा हूँ,
लो ग़ज़ल ही बन गई ये उसे गुनगुना रहा हूँ।

जभी याद तेरी आई तो ये आँखें डबडबाईं,
नहीं सँभला दिल बेचारा मैं यक़ीं जुटा रहा हूँ।

न तबाह कर के छोड़े, तेरा संग दिल यूँ होना,
हो कठोर वो न इतना यही बस मना रहा हूँ।

बड़ी बाद मुद्दतों के, ज़रा चमका था सितारा,
दो घड़ी ही रह के रौशन, कहे अब मैं जा रहा हूँ।

ये झुकी हुई सी पलकें नहीं चैन लेने देती,
हैं जो पेच-ओ-ख़म लटों के, उन्हीं में फँसा रहा हूँ

रही तेल-बाती की ये, सदियों से ये कहानी,
थका-हारा फिर भी घर मैं, तेरा जगमगा रहा हूँ

मिली थी जो छत पे इक दिन, सर-ए-बाम कर के रौशन।
'तुम्हें देख कर कही थी जो ग़ज़ल सुना रहा हूँ'।

तेरे 'निर्मोही' से दिल को, कैसे अपना कर सकूँ मैं,
यही गुत्थियाँ हैं जिनको, मैं गले लगा रहा हूँ

—**सुरेंद्र कौशिक 'निर्मोही'**, अमेरिका

सही ज़हमतें हज़ारों, तो खुलासा पा रही हूँ,
कि मैं छोड़ प्यार में सब, कहीं दूर जा रही हूँ।

भरा होता था ये आँगन, कभी फूलों पत्तियों से,
जो बची हैं यादें दिल में, उन्हें ही सजा रही हूँ।

नहीं छोड़ना किसी को कभी इस तरह से तन्हा,
मेरे दिल का दर्द है जो, उसे खुल बता रही हूँ।

थी हसद मेरे रक़ीबों को कुछ इस क़दर कि अब मैं,
कोई बद्दुआ किसी की, लगे जीये जा रही हूँ।

जियूँ ज़िन्दगी ये कैसे, इसे किस तरह संवारूँ,
रखे हाथों पर ही हाथ अब, ढुलकी बजा रही हूँ।

दिया दर्द दोस्त मुझको, है जुदाई ने तेरी यूँ,
कि छुपा के अपने आँसू, यूँ ही मुस्कुरा रही हूँ।

हैं पुरानी यादें दिल में, जो सहेजी रक्खीं बरसों,
'तुम्हें देख कर कही थी जो ग़ज़ल सुना रही हूँ'।

परछाई पा सकोगे, किसी प्यार की जो 'रोशन'
तो ये दास्तान समझोगे जो मैं सुना रही हूँ।

—**सुषमा मल्होत्रा,** अमेरिका

19

वो मेरा नाम सुनकर ही उछल जाए तो क्या होगा

मात्रा भार: 1222 1222 1222 1222
अरकान: फ़यलात फ़ाइलातुन फ़यलात फ़ाइलातुन

मिसरा : सज्जाद अख़्तर

ग़ज़लें

अनिमेष शर्मा 'आतिश', भारत
मधु शर्मा, अमेरिका
सज्जाद अख़्तर, भारत
अशोक सिंह, अमेरिका
महबूब सोनालिया, भारत
सुरेंद्र मोहन कौशिक 'निर्मोही', अ.

हमारे दिल की फ़ितरत ही बदल जाए तो क्या होगा,
किसी की आह से पत्थर पिघल जाए तो क्या होगा।

ज़माना इक हसीना की बहुत तारीफ़ करता है,
उसे देखें हमारा पा फिसल जाए तो क्या होगा।

जहाँ देखा मुहब्बत का बुरा अन्जाम देखा है,
किसी नरगिस पे अपना दिल मचल जाए तो क्या।

जबाँ से तो नहीं लेकिन निगाहों से तो पूछा है,
वो हाँ कह दे हमारी जाँ निकल जाए तो क्या होगा।

अगरचे ज़ीस्त की रफ़्तार पर पूरा भरोसा है,
अगर मंज़िल से पहले शाम ढल जाए तो क्या होगा।

जो डूबा हो उदासी में कहीं चुपचाप बैठा हो,
'वो मेरा नाम सुन कर ही उछल जाए तो क्या होगा'।

भुलाया है बड़ी मुश्किल से हमने जिस सितमगर को,
तमन्ना फिर उसी की फूल फल जाए तो क्या होगा।

सियासत-दान पर इतना भरोसा मत करो 'आतिश',
अगर वक़्त-ए-ज़रूरत दल बदल जाए तो क्या होगा।

—अनिमेष शर्मा 'आतिश', भारत

मोहब्बत का वहम दिल में निकल आए तो क्या होगा,
कभी दिल ताक़-ए-उल्फ़त से फिसल जाए तो क्या होगा।

दिखें दिलकश रहीं दुश्वार ही पर इश्क़ की राहें,
किसी का दम इन्हीं में चल निकल जाए तो क्या होगा।

जबीं-ए-नूर-अफ़्शाँ पर, लगा कर झूमर औ' टीका,
लब-ए-लालीं की ख़ुशबू को वो छलकाए तो क्या होगा।

सवाल उलझे हुए उस बे-कली से कोई पूछे जब,
गिरह बालों की वो बस बैठ सुलझाए तो क्या होगा।

शरारा उस बदन की शोख़ चंचल सी अदाओं के,
छलकते जाम का आँचल ढुलक जाए तो क्या होगा।

जुनूँ जब हद से बढ के, बढ़ते बढ़ते और बढ़ जाए,
और ऐसे में तबीअ'त गर बहल जाए तो क्या होगा।

भले महफ़िल में हम चुपचाप, बे-परवाह हों बैठे,
'वो मेरा नाम सुनकर ही उछल जाए तो क्या होगा'।

क़यामत है, कमर तक डोलती, लहराती ये ज़ालिम,
मगर ज़ुल्फ़ों से ज़्यादा ख़ुद वो बल खाए तो क्या होगा।

— **अशोक सिंह,** अमेरिका

निगह आवारा दिल सी है, मचल गाए तो क्या होगा,
हमारा दिल ही हाथों से निकल जाए तो क्या होगा।

मुझे भी प्यार का दीदार मिल पाये तो क्या होगा,
अगर इंकार इक दिन हाँ में ढल जाये तो क्या होगा।

नदी की शोख़ लहरों से, झकोरा इक निकल कर जो,
तेरी ज़ुल्फ़ों, में ही आ कर, के बल खाये, तो क्या होगा ।

चमेली, चंपा हर-सिंगार रजनी-गंधा रातों में,
महक कर गुलमोहर भी साथ फल जाए तो क्या होगा ।

छिपा कर राज़ जिसने रक्खे थे अब तक ज़माने से,
'वो मेरा नाम सुनकर ही उछल जाए तो क्या होगा'।

बहक कजरा, छमक पायल, चमक चूड़ी, दमक बिंदी,
लिपट गजरा भी 'मधु' चोटी से बल खाए तो क्या होगा।

—**मधु शर्मा,** अमेरिका

तुम्हे पाने को जज़्बा फिर मचल जाए तो क्या होगा,
ज़रा सोचो ये दिल मिलने को ललचाए तो क्या होगा।

करे साज़िश अदू लेकिन बचा लेता है वो मुझको,
सुई से तेग का गर वार टल जाए तो क्या होगा।

निगाहों से तेरी पीने का ख़्वाहिश-मंद हूँ लेकिन,
तजल्ली से तेरी फिर तूर जल जाए तो क्या होगा।

मैं जज़्बा-ए-मोहब्बत को छुपा लूँगा किसी तरहा,
'वो मेरा नाम सुनकर ही उछल जाए तो क्या होगा'।

अभी जो रोक लेते हैं दुहाई रीत की देकर,
रिवाजों को किसी दिन हम बदल लाए तो क्या होगा।

—**महबूब सोनालिया,** भारत

तुम्हारी याद गर दिल से न टल पाए तो क्या होगा,
अगर रह रह के ये दिल और ललचाये तो क्या होगा।

यही है शर्त तो मैं सामने उसके न आऊँ पर,
'वो मेरा नाम सुनकर ही उछल जाये तो क्या होगा'।

हम अपने दुश्मनों के नाम की पर्ची निकालेंगे,
तुम्हारे नाम की पर्ची निकल आये तो क्या होगा।

वो जिसको भूल जाने का इरादा कर लिया मैंने,
मुझे दिन रात उसकी याद कलपाये तो क्या होगा।

चलो हम दस्ते साक़ी को नज़र अंदाज़ कर देंगे,
वो फिर मख़मूर आँखों से भी छलकाये तो क्या होगा।

बुढापे में जो दाढ़ी स्याह कर लाया है आज अपनी,
वो काला करके अपना मुँह भी कल आये तो क्या होगा।

छुपाकर सारी दुनिया से रखा है इश्क़ को लेकिन,
दिल उसका नाम आते ही मचल जाए तो क्या होगा।

चलो हम आज की शब दिल पे पत्थर रख भी लें लेकिन,
वो वादा करके भी 'अख़्तर' न कल आये तो क्या होगा।

—**सज्जाद अख़्तर,** भारत

ये लट उलझी निगाह-ए-नाज़ बल खाए तो क्या होगा,
दबा दिल में कोई अरमाँ मचल जाए तो क्या होगा।

बहुत देता रहा मालिक कभी खाली नहीं लौटा,
मगर उस पर भी लोभी मन ये ललचाए तो क्या होगा।

असल में ख़्वाब जो उसके, हकीक़त बन भी सकते हैं,
'वो मेरा नाम सुनकर ही उछल जाए तो क्या होगा'।

जहाँ देखूं भरे बैठे हुए साग़र से मयख़ाने,
समाँ बदले तबीअत कुछ बहल जाए तो क्या होगा।

बिछड़ कर काफ़िले से फिर भटकता ही रहा सफ़री,
नई इक राह उसको यूँ ही मिल जाए तो क्या होगा।

छुपाया लाख उसने पर अचानक आ मिली नज़रें,
नज़र से जाम इक उसकी छलक जाए तो क्या होगा।

अकेले चारदीवारी में इसको घर कहें कैसे,
अचानक घर की ही रंगत बदल जाए तो क्या होगा।

बहक जाने की आदत ने बनाया मुझको 'निर्मोही',
बुझाने प्यास दिल की हिम पिघल जाए तो क्या होगा।

—**सुरेंद्र कौशिक 'निर्मोही'**, अमेरिका

20

पाम का ऊँचा शजर गमले में कैसे आ गया

मात्रा भार: 2122 2122 2122 212
अरकान: फ़ाइलातुन फ़ाइलातुन फ़ाइलातुन फ़ाइलुन

मिसरा : मनोज अबोध

ग़ज़लें

अनिमेष शर्मा 'आतिश', भारत	आमिर ख़ान, अमेरिका
आलोक अविरल, भारत	गीता कौशिक, अमेरिका
प्रगीत कुँअर, ऑस्ट्रेलिया	भावना कुँअर, ऑस्ट्रेलिया
मधु शर्मा, अमेरिका	मनोज अबोध, भारत
ममता किरण, भारत	ममता वार्ष्णेय, भारत
महबूब सोनालिया, भारत	रेणु हुसैन, भारत
विनीता तिवारी, अमेरिका	शिव मोहन सिंह, किर्गिज़स्तान
सज्जाद अख़्तर, भारत	सुरेंद्र मोहन कौशिक 'निर्मोही', अ.

प्यार में आया नहीं झगड़े में कैसे आ गया,
आज रावण राम के डेरे में कैसे आ गया।

मीठी मीठी बातें कीं उसने सभी के साथ में,
इतना अमृत साँप के जाये में कैसे आ गया।

इश्क़ उसको है नहीं कुछ और वो करता नहीं,
बे सबब ही वो मेरे कूचे में कैसे आ गया।

राज़ ज़ाहिर तब हुआ जब मंच पर देखा उसे,
दोस्त मेरा आप के कहने में कैसे आ गया।

आप आये मेरे घर तो मुझको भी हैरत हुई,
'पाम का ऊँचा शजर गमले में कैसे आ गया'।

जाँ हथेली पर रखे था इश्क़ की ख़ातिर बशर,
इश्क़ से अब इश्क़ के धंधे में कैसे आ गया।

धीरे धीरे आता है कोई हुनर, पर आपको,
जगमगाना एक ही झटके में कैसे आ गया।

साफ सुथरा है वो दिल का पाक है दींदार है,
फिर भी 'आतिश' आपके फंदे में कैसे आ गया।

—अनिमेष शर्मा 'आतिश', भारत

बेकसी इतनी बढ़ी वो ख़ुद से ही घबरा गया,
पानी मिलना बंद होते फूल ही मुरझा गया।

वैसे तो दुनिया में क़हत-ए-जूद था कहने को पर,
उसने जब फेरी नज़र तो दिल मेरा कुम्हला गया।

जिसको चाहा, जिसको पूजा हमने सारी उम्र भर,
वक़्त जब आया तो उससे ही मैं धोखा खा गया।

पहले भी तो ख़ुश नहीं हमसे रहा यज़्दाँ कभी,
एक बुत की चाह में जन्नत का भी मौक़ा गया।

पहले ही उसके तख़य्युल से रहा मख़मूर मैं,
और फिर आना ये उसका आग और भड़का गया।

ले के अंगड़ाई जो सिमटा ख़ुद ही ख़ुद में महजबीं,
'पाम का ऊँचा शजर गमले के कैसे आ गया'।

—आमिर ख़ान, न्यू यॉर्क

बेसबब जब ज़िंदगी का फ़लसफ़ा टकरा गया,
बदग़ुमानी की ज़बाँ मैं छोड़ कर सब पा गया।

दश्त में हर पेड़ को पत्थर बनाता देख कर,
आदमी से ख़ौफ़ खा कर ख़ुद ख़ुदा घबरा गया।

सुन के पीपल से ख़बर बरगद बड़ा हैरान था,
'पाम का ऊँचा शजर गमले में कैसे आ गया'।

तोड़ कर इंसान का सारा भरम वहमो-गुमाँ,
ख़ुद पे इतराने से पहले आईना शरमा गया।

थी अहम से उम्र भर मेरी लड़ाई क्या कहूँ,
तोड़ कर मुझको भी वो भीतर ही भीतर खा गया।

थी नहीं उम्मीद उसको फिर मिलूँगा मैं कभी,
देख कर मुझको अचानक वो बहुत भरमा गया।

किस तरह भारी थे हम पर रात दिन चारों पहर,
इक तिरे आने से लेकिन वक़्त ख़ुद बौरा गया।

उलझनों से तो उलझने का हुनर मालूम है,
रोज़ की जद्दोजहद से दिल मगर उकता गया।

लोग भी हैरान हैं 'अविरल' भी ख़ुद हैरान है,
देखते ही देखते महफ़िल पे जो वो छा गया।

—आलोक अविरल, भारत

देखकर हैरान हूँ मैं सच में कलयुग आ गया,
उल्टे-सीधे काम करके झट वो कुर्सी पा गया।

आसमाँ जो छू रहा स्वाधीनता को चूम कर,
मन परिंदा भूले से पिंजरे में कैसे आ गया।

बह रही पुरवा हवाएँ मेघ की मल्हार की,
देख कर पींगों का मौसम याद साजन आ गया।

दिखता था ख़ुशहाल जो, थी नभ को छूने की ललक।
'पाम का ऊँचा शजर गमले में कैसे आ गया'।

प्यार नस-नस में बसा था प्यार की थी गुफ़्तगू,
दूर तक ख़ुशबू घनेरी, ज़िंदगी महका गया।

हो रही रुख़सत बहारें गिरते पत्ते देख कर,
रक़्स करता था चमन जो, आज फिर मुरझा गया।

चल रहे थे देख कर, हम कब भटक रस्ता गए,
मोड़ इक बल खाता सा था ज़िंदगी उलझा गया।

अंजुमन की शान है, रौशन सितारा वो यहाँ,
दिल में मिलने की तमन्ना पास ख़ुद ही आ गया।

—**गीता कौशिक,** अमेरिका

बेचने वाला भला झाँसे में कैसे आ गया,
क़ीमती सामान भी सस्ते में कैसे आ गया।

बस हुआ आज़ाद था मैं एक पिंजरा तोड़कर,
मैं निकलकर इक नए पिंजरे में कैसे आ गया।

मैं तो झगड़ों से बहुत ही दूर रहता हूँ सदा,
नाम मेरा भी किसी झगड़े में कैसे आ गया।

कह रहा था जो वो उसको सुन के बस उसके सिवा,
दूसरा हर आदमी सकते में कैसे आ गया।

कल तलक उससे शिकायत थी मुझे जिस बात पर,
पाँव मेरा भी उसी जूते में कैसे आ गया।

दर्द जो मैंने सहा था ज़िंदगी भर ही 'प्रगीत',
मेरा सारा दर्द इक मिसरे में कैसे आ गया।

—**प्रगीत कुँअर,** ऑस्ट्रेलिया

रोशनी के बाद हर सू ही अँधेरा छा गया,
पर न जाने क्यूँ अँधेरा ही ये दिल को भा गया।

ओढ़ कर तन्हाई की चादर उदासी बैठी थी,
हौले-हौले पाँव रखकर कौन मन में आ गया।

बारिशें इतनी बढ़ीं थीं, धूप भी उतरी नहीं,
मन मेरा भीगा हुआ ये देख कर घबरा गया।

क़द में ऊँचे हों सभी से ज़िद ये अपनी थी सदा,
छोड़ दो इस ज़िद को अपनी आसमाँ समझा गया।

ये नज़ारा देखकर पूरा चमन हैरान है,
फूल खिलने से ही पहले किसलिए कुम्हला गया।

सच दबाया जा रहा था झूठ के कदमों तले,
देखकर सच की ये हालत हर कोई घबरा गया।

था शहर ख़ुशियों भरा अपना कभी ये 'भावना'
हादसा कैसा हुआ जो सबको ही दहला गया।

—**भावना कुँअर,** ऑस्ट्रेलिया

छा गयी काली घटा, सावन महीना आ गया ।
सब्ज़ धरती का यही परिधान मुझको भा गया ।

कानों में कोई मिरे नग़में मिलन के गा गया,
रुत हुई जादू भरी मस्ती का आलम छा गया।

मेघ काले जी जलाते, बिजलियाँ घायल करें,
ओ पपीहे चुप भी कर जा, पी मुझे बिसरा गया।

पेड़ की शाखें समर से लद के बोझिल, झुक रहीं,
फूल का गुंचा महक कर दिल मिरा बहका गया।

जमना तीरे पड़ गए झूले कदम्ब की डार पे,
झूलती राधा रही औ श्याम दे झोंटा गया ।

पींग धीरे से बढ़ाना थाम रखना छोर तुम,
डर सखी लगता अगर ये चाँद से टकरा गया।

झील की नाजुक हथेली, धूप की मेहँदी लगी,
और पवन झोंका लहर को चूड़ियाँ पहना गया।

आदमी के हरकतों की देखिए इक और मिसल,
'पाम का ऊँचा शजर गमले में कैसे आ गया'।

ज़िन्दगी की उलझनों के हाशिये पर मैं खड़ी,
तेज झोंका 'मधु' हवा का आशिक़ी फ़रमा गया।

—**मधु शर्मा,** अमेरिका

उसकी मीठी बात के झाँसे में कैसे आ गया,
मैं कि ख़ुद हैरान हूँ धोखे में कैसे आ गया।

मैंने तो बेटा तुझे भेजा था पढ़ने के लिए,
धर्म का कीड़ा तेरे बस्ते में कैसे आ गया।

पीढ़ियों से जो इलाका है हमारे देश में,
वो तुम्हारे मुल्क के नक्शे में कैसे आ गया।

और भी सिद्धांत गांधी के करो लागू कभी,
पूरा गांधीवाद इक चरखे में कैसे आ गया।

मौत ने मुझको चुना था सावधानी से अगर,
ज़िंदगी फिर मैं तेरे हिस्से में कैसे आ गया।

पूछता था हाल मेरा रोज़ टेलीफोन से,
मुझको ज़िंदा देख कर सदमे में कैसे आ गया।

आज के माहौल में किसका भरोसा क्या करें,
सच था वो तो झूठ के साँचे में कैसे आ गया।

माँ ने थाली छीन ली और डांट कर बोली मुझे,
हाथ मुँह धोए बिना चौके में कैसे आ गया।

तय किया था अब भुला दूँगा उसे बिल्कुल 'अबोध',
ज़िक्र उसका आज फिर मक़्ते में कैसे आ गया।

—**मनोज अबोध,** भारत

काँच का घर देखकर धोखे में कैसे आ गया,
रस भरी बातों के बहकावे में कैसे आ गया।

बच्चे पे मालिक का गुस्सा सातवें पारे पे था,
तोड़ने अमरूद वो बंगले में कैसे आ गया।

हूँ अचंभित मैं भी, उसका लेना-देना कुछ न था,
नाम उसका बारहा क़िस्से में कैसे आ गया।

इस परिंदे की रिहाई सुब्ह ही तो की थी फिर,
शाम होते-होते ये पिंजरे में कैसे आ गया।

था नहीं विश्वास उसको ईश की सत्ता में कुछ,
नास्तिक फिर आज वो सजदे में कैसे आ गया।

अपने बचपन में थे तितली, फूल, राजा रानी सब,
आज बचपन बच्चों का बस्ते में कैसे आ गया।

'नाम' तो मक़्ते में इस्तेमाल करते हैं जनाब
फिर ग़ज़ल में आपकी मत्ले में कैसे आ गया।

ये पहेली कैसे बूझें अपनी मति मारी गयी,
'पाम का ऊँचा शजर गमले में कैसे आ गया'।

—**ममता किरण,** भारत

हाई फ़ाई शख़्स मेरे घर में इक दिन आ गया,
मार गप्पें दे दना-दन पैसा मेरा खा गया।

लुट गया जब मिट गया जब तब समझ आया मुझे,
'पाम का ऊँचा शजर गमले में कैसे आ गया'।

आज छोड़ूँगा नहीं ये ठान गाड़ी दी भगा,
सीधे खंबे से भिड़ा घच्चे पे घच्चा खा गया।

मैंने खोली पोल उसकी जब सभी के सामने,
सब हँसे मुझ पे ही जब तो ख़ुद पे रोना आ गया।

कुछ गुलाबी नोट मेरे पर्स में ही रह गए,
हे प्रभु मैं कैनेडा हूँ सोच सर चकरा गया।

नकचढ़ा था वो फ़िरंगी इनका डॉगी सिरफिरा,
हाथ हैलो को बढ़ाया फ़ालतू गुर्रा गया।

वो मुक़द्दर का सिकन्दर मेरी क़िस्मत में सिफ़र,
सोचता हूँ ख़्वा-म-ख़ाँ क्यों उससे मैं टकरा गया।

—**ममता वार्ष्णेय,** भारत

आरज़ू लेकर दर ए महबूब पर जब आ गया।
अब्रे रहमत मुझपे नेअमत की झड़ी बरसा गया।

आग में जिस तरह सोना तपके कुंदन होना हो,
तेरी इस दुनिया में मुझको इस तरह परखा गया।

देखने वाले सभी हैरतजदा है इस कदर,
'पाम का ऊंचा शजर गमले में कैसे आ गया'।

क्या भला मुझको गरज़ हो साहिब ए ज़रदार से,
मैं फकीरों की गदाई पाके सब कुछ पा गया।

बेटियों ने यूँ जवानी में क़दम रक्खा कि बस,
फिर सर ए बाज़ार वो दस्तार लेकर आ गया।

उनकी जब मुझ पर हुई चश्मे इनायात बा खुदा।
हसरतों के दायरों से मैं उभर कर आ गया।

ऐसे गुज़रा है हमारी ज़िंदगी से सानिहा
बेसबब जैसे कोई चट्टान से टकरा गया।

हम जिहालत में मेरे 'महबूब' जीते थे मगर,
आपसे मिलकर करीना ज़िन्दगी का आ गया।

—**महबूब सोनालिया,** भारत

दिल मेरा आज़ाद था जज़्बे में कैसे आ गया,
मामला इतना बड़ा क़िस्से में कैसे आ गया।

जब मिली उससे नज़र दिल की ये धड़कन बढ़ गई,
अपने दिल पर था गुमां क़ब्ज़े में कैसे आ गया।

उसकी रानाई के आगे बिक गया बेमोल ही,
दिल मेरा था ग़ैर के हिस्से में कैसे आ गया।

साथ उसका जब मिला तो मुश्किलें आसाँ हुईं,
ज़िंदगी का बोझ इक बस्ते में कैसे आ गया।

'रेणु' ख़ामोशी न जाने क्या ही सबसे कह गई,
अंजुमन में जो भी था सकते में कैसे आ गया।

—**रेणु हुसैन,** भारत

जान की बाज़ी लगाकर दुश्मनों पर छा गया,
छीन कर हाथों से उनके जीत लेकर आ गया।

वक़्त अच्छा चल रहा है झूठ के व्यापार का,
रूप, धन, बढ़ती प्रतिष्ठा देख जग भरमा गया।

दिन, महीने, साल बीते इक झलक की चाह में,
दिल ही नादाँ था जो इक पत्थर से जा टकरा गया।

याद है मुझको अभी तक तेरी उँगली की छुअन,
प्यार का वो पल समूची ज़ीस्त पर गहरा गया।

डोलियों को लांघ, लेकर संग अपने चाँदनी
बादलों की ओढ़ चादर चाँद छत पर आ गया।

कुछ मशक़्क़त लाज़मी है मंज़िलों की होड़ में,
वो ही जीता द्वंद्वियों से आगे जो बढता गया।

घोर अचरज में हूँ मैं, इस बात से हैराँ भी हूँ,
'पाम का ऊँचा शजर गमले में कैसे आ गया'।

—**विनिता तिवारी,** अमेरिका

पल में दायाँ पल में बायाँ झूठ यूँ भटका गया,
सत्य का रस्ता हमेशा अंत तक सीधा गया।

ढोल होते दूर के कितने सुहाने देख लो,
देश का पौधा गया परदेश तो कुम्हला गया।

प्यासी धरती ने पुकारा आह भर आवाज़ में,
देखते ही आसमाँ पर एक बादल छा गया।

ऊँचे लोगों की तो यूँ हर बात ऊँची होती है,
'पाम का ऊँचा शजर गमले में कैसे आ गया'।

तोड़ देगी दम जो भी इंसानियत बाक़ी बची,
भूख से मरता पड़ोसी तुमसे जो खाया गया।

—शिव मोहन सिंह, किर्गिज़स्तान

ख़्वाब तेरा आँख के पर्दे में कैसे आ गया,
और फिर तू ख़्वाब के क़ब्ज़े में कैसे आ गया।

है त'अज्जुब मुझको तू धोखे में कैसे आ गया,
ख़ुद शिकारी हो के भी फंदे में कैसे आ गया।

नाम तेरा मेरे अफ़साने में कैसे आ गया,
'पाम का ऊंचा शजर गमले में कैसे आ गया'।

मैं तो उसको आइने में देखकर हैरान हूँ,
अक्स उसका नागहाँ शीशे में कैसे आ गया।

आ गया गुलशन में कैसे दश्तो सहरा छोड़कर,
ज़िंदगी मैं तेरे बहकावे में कैसे आ गया।

जिसके दिल में मुझको लेकर कोई भी जज़्बा नहीं,
हाल मेरा जान कर सदमे में कैसे आ गया।

किसने अज्ज़ा-ए-बदन को पारा पारा कर दिया,
ताइरे-जाँ वक़्त के नर्ग़े में कैसे आ गया।

जिसको हल करने की कोशिश में हज़ारों चल बसे,
वो सवाल 'अख़्तर' मिरे पर्चे में कैसे आ गया।

—**सज्जाद अख़्तर,** भारत

इक मेहरबाँ राह चलते ज़िंदगी में आ गया,
ज़ीस्त को छूते हुए कब आत्मा पर छा गया।

दर्द के सब गीत कैसे मुस्कुराकर गा गया,
चार दिन की ज़िंदगी में जी यहाँ बहला गया।

मौसम-ए-गुल छेड़ बैठा देख जोबन की कशिश,
देख उसकी नाज़-ए-हस्ती दिन कयामत ढा गया।

रास्ता नापा हज़ारों बार हमने था मगर,
मय-कदे की राह भूला कैसे धोखा खा गया।

उम्र भर ही उलझनों ने बाँधकर रक्खा हमें,
रफ़्ता-रफ़्ता गम भी हस्ती पर हमारी छा गया।

इक अंधेरा छा गया हैरान सी थी ज़िंदगी,
'पाम का ऊँचा शजर गमले में कैसे आ गया'।

रह गई इज़हार-ए-उल्फत 'निर्मोही' कहता दबी,
दिल्लगी में जबसे चिंगारी कोई सुलगा गया।

—सुरेंद्र कौशिक 'निर्मोही', अमेरिका

21

जो रह गया है वो शायरी है

मात्रा भार: 12122 12122 12122 12122
अरकान: मुफ़ाइलातुन मुफ़ाइलातुन मुफ़ाइलातुन मुफ़ाइलातुन

जो दिख रहा उसी के अंदर जो अन-दिखा है वो शायरी है
जो कह सका था वो कह चुका हूँ जो रह गया है वो शायरी है

—अहमद सलमान

मिसरा : सज्जाद अख़्तर

ग़ज़लें

अनिमेष शर्मा 'आतिश', भारत
अमर त्रिपाठी, भारत
अशोक सिंह, अमेरिका
गीता कौशिक, अमेरिका
प्रगीत कुँअर, ऑस्ट्रेलिया
भावना कुँअर, ऑस्ट्रेलिया
ममता किरण, भारत
रेणु हुसैन, भारत
लक्ष्मी शंकर वाजपेई, भारत
सज्जाद अख़्तर, भारत
सुरेंद्र मोहन कौशिक 'निर्मोही', अ.

सुने जो पत्थर तो उसकी आँखों में अश्क ला दे वो शायरी है,
जो आँसुओं की नमी को छू कर शरर बना दे वो शायरी है।

जो आदमी के उदास मन में दिया जला दे वो शायरी है,
ग़मों में डूबी अँधेरी रातों को जगमगा दे वो शायरी है।

हबीब बन कर ये सारी दुनिया तुम्हारे दिल पर भी ज़ख़्म देगी,
तबीब बन कर ज़ुबाँ से ज़ख़्मों को जो शिफ़ा दे वो शायरी है।

न कठघरा हो न कोई मुंसिफ न कोई मुद्दा न कोई मुद्दई,
बिना कचहरी गुनाहगारों को जो सज़ा दे वो शायरी है।

इसे जगा दे उसे जगा दे तुम्हें जगा दे मुझे जगा दे,
वतन जो सोया हुआ पड़ा हो उसे जगा दे वो शायरी है।

निगाहे उल्फ़त से ज़ख़्मी आशिक़ क़रार खोकर भटक रहा हो,
न नींद आयी हो जिसको बरसों उसे सुला दे वो शायरी है।

जो ज़िंदगी के समर को जीते उसे तो जाकर बधाइयाँ दे,
जो हार जाए उसे भी जीने का हौसला दे वो शायरी है।

ये टूटा आतिश ये बूढ़ा आतिश अगर अभी भी कहे ग़ज़ल तो,
हसीन कलियों से ज़ख़्म खाकर भी कुछ दुआ दे वो शायरी है।

—अनिमेष शर्मा 'आतिश', भारत

दुखों के मातम के बीच में जो, सुख़न कहा है वो शायरी है,
बना के ख़ुश-दिल, बे-फ़िक्र कर दे, वही दुआ है, वो शायरी है।

अकड़ हो चेहरे पे, ख़ौफ़ बाँटे, उठी हो गर्दन, तना हो चेहरा,
वो नन्हीं नातिन की ज़िद के आगे झुका पड़ा है वो शायरी है।

हों जेब में उसकी ख़ूब पैसे, मगर हो कंजूस वो बला का,
बुला के यारों को जब भी उसने खिला दिया है वो शायरी है।

लिखे जो दुखड़ा कहानियों में, करे जो बातें ग़म और दुख की,
कहो ये उससे सुकून दिल को जहाँ मिला है वो शायरी है।

अदावतों को जो ख़त्म कर दे, मोहब्बतों का पयाम जिसमें,
मिटा के नफ़रत जहाँ अदू से भी दिल मिला है वो शायरी है।

हैं लम्बी रातें, हैं ताड़ से दिन, अकेली तन्हाई काट खाए,
जो ऐसे में कोई आ के मन को लुभा गया है वो शायरी है।

न अब कहानी, न ही है कविता, ग़ज़ल की दुनिया का अब ग़ज़ल-
गो,
'जो कह सका था वो कह चुका हूँ, जो रह गया है वो शायरी है'।

फ़रेबी सारी अगर ये दुनिया, 'अमर' अकेला करे तो भी क्या,
मुसीबतों में अगर कलेजा बढ़ा दिया है वो शायरी है।

— **अमर त्रिपाठी,** भारत

क़रार जिससे दिलों को दुनिया में आ गया है वो शायरी है,
ये जज़्बा-ए-दिल कहन सुख़न का लिया दिया है वो शायरी है।

महकते झोंके निकल के दामन से कितने लगते हैं बेतक़ल्लुफ़,
नशा जो इनमें तुम्हारी साँसों का आ गया है वो शायरी है।

कभी जो काँटो भरा शजर था, ख़िज़ाँ के मौसम में तन्हा तन्हा,
बहार आते ही रुत के रंग में जो ढल गया है वो शायरी है।

नहीं ज़रूरी है ख़ास दिल की, करे ही बातें बढ़ा चढ़ा कर,
बयान करती जो हमको तुमको, हमा-शुमा है वो शायरी है।

नहीं था मुमकिन सहेज पाना, तुम्हारी बातें, तुम्हारे जज़्बे,
'जो कह सका था वो कह चुका हूँ, जो रह गया है वो शायरी है'।

ये ख़ुश-नसीबी मिली उन्हीं को, समझ सके हैं जो छोटी ख़ुशियाँ,
भुला ग़मों को जो जीना पल पल, सिखा गया है वो शायरी है।

घटा, समंदर, धनक ओ चंदा, शफ़क़, सितारे कि गुल ओ ख़ुशबू,
जो लंतरानी का रंग इनमें, मिला खिला है वो शायरी है।

— **अशोक सिंह,** अमेरिका

* हमा-शुमा = छोटे बड़े, सामान्य लोग

नज़र झुकाए दबी मुहब्बत जो अन-कहा है वो शायरी है,
सजा रही हैं जो पलकें सपने जो हो रहा है वो शायरी है।

बदन गुलों का हिलोरे लेता करे वफ़ा है वो शायरी है,
मगर बगल में ही ख़ार बैठा रुला रहा है वो शायरी है।

दिए गुलों को हैं ज़ख्म कितने, ये ख़ार किसके हुए हैं आख़िर,
दिलेर फिर भी छुपा के ग़म को महक रहा है वो शायरी है।

है मन ये कैसा कि छोड़ तुझको ज़माने भर में भटकता फिरता,
बनाया साथी, किया इसे भी जो आशना है वो शायरी है।

रहा ये साया ही अपना साथी तड़पते दिल में थी इंतज़ारी,
बना हमारी ही सोच का फिर ये काफ़िला है वो शायरी है

ये मन बेचारा हुआ है छलनी मगर ये फिर भी वफ़ा निभाए,
'जो कह सका था वो कह चुका हूँ जो रह गया है वो शायरी है'।

उठा के दोनों ही हाथ अपने दुआ में तुमको ही माँगा चाहा,
करम है उसकी ही रहमतों का सुनी दुआ है वो शायरी है।

— **गीता कौशिक,** अमेरिका

अभी तलक जो कहा है केवल नहीं लिखा है वो शायरी है,
हाँ तेरे मेरे ही बीच में जो तुझे कहा है वो शायरी है।

चली जो भावों को संग लेकर खुली हवा है वो शायरी है,
बिखरते जिस पर हैं लफ़्ज़ काग़ज़ की जो धरा है वो शायरी है।

अगर सही है तो उसने उसको सही कहा है वो शायरी है,
ग़लत को उसने ग़लत कहा है नहीं झुका है वो शायरी है।

अकेलेपन का बना जो केवल इक आसरा है वो शायरी है,
जो लिखने सुनने का हम सभी पर नशा चढ़ा है वो शायरी है।

नदी है भावों की जिसमें अमृत भरा हुआ है वो शायरी है,
जो हिन्दी-उर्दू की गंगा-जमुनी परंपरा है वो शायरी है।

तुम्हें जो कहनी है बात दिल की तो सादगी से तुम उसको कह दो,
तुम्हारे दिल से जो दर्द बनकर निकल रहा है वो शायरी है,

है गुल को खिलना हवा को चलना सुगंध को भी पहुँचना हम तक,
वो गुल जो काँटों के बीच रहकर भी खिल रहा है वो शायरी है।

— **प्रगीत कुँअर,** ऑस्ट्रेलिया

तुम्हारी धड़कन को मेरा दिल ये जो सुन रहा है वो शायरी है,
तुम्हारी नज़रों ने मुझसे आकर जो कह दिया है वो शायरी है।

मिरी मोहब्बत के आसमाँ पर उमड़ रहा है दुःखों का बादल,
जो चश्म-ए-गिर्यां से चुपके चुपके बरस गया है वो शायरी है।

कहाँ से आयी हूँ तुझसे मिलने कहाँ पे मुझको है लौट जाना,
लहर ने साहिल पे सर पटक कर जो कह दिया है वो शायरी है।

बहुत सी बातें हैं मन में मेरे जो मुझको कहनी हैं आप सबसे,
जो लिखना था वो मैं लिख चुकी जो नहीं लिखा है वो शायरी है।

तमाम तारे जो थे फ़लक पर कहीं वो जाकर दुबक गए हैं,
जो एक तारा अभी फ़लक पर चमक रहा है वो शायरी है।

लड़ा अँधेरे से रात भर जो किया उजाला जला के ख़ुद को,
जो सुब्ह के होते एक दीपक अभी बुझा है वो शायरी है।

सजा न पाए जिन्हें कभी हम उन्हें सजाना था दिल में अपने,
जो है हक़ीक़त वो सामने है जो ख़्वाब सा है वो शायरी है।

—**भावना कुँअर,** ऑस्ट्रेलिया

तुम्हारे भीतर सुलगते प्रश्नों का ज़लज़ला है वो शायरी है,
समय के सीने में तुमने इनको जो लिख दिया है वो शायरी है।

ये रिश्ते-नाते, ये घेरे-बंधन उलझता है मन इसी गणित में,
कोई हमारे जो दिल के भीतर पुकारता है वो शायरी है।

हमें मोहब्बत है तुमसे कितनी बता चुकी हूँ ये दुनिया को मैं,
जो अनकहा दो दिलों ने अपने नहीं सुना है वो शायरी है।

'तुम आओगे उससे मिलने जल्दी' ये कह के तुम तो चले गये हो,
जो उसकी आँखों से दर्द दिल का झलक रहा है वो शायरी है।

परी हमारी है जब से आयी चहक रहा घर का कोना-कोना,
फरिश्ते की मुस्कुराहटों में जो नूर सा है वो शायरी है।

तमाम दुनिया के मसअलों पर लिखा है लेकिन ये जानती हूँ,
जो उसके बारे में ख़ास दिल से बयां किया है वो शायरी है।

वतन की ख़ातिर जो सरहदों पर लिए हथेली में जान बैठे
दिलों में उनके बसा हुआ इक वो जज़्बा क्या है वो शायरी है।

ये ज़ीस्त क्या है, कहाँ से आये, वजूद क्या है, कहाँ है जाना,
कभी किसी से सुलझ न पाया जो फ़लसफ़ा है वो शायरी है।

—**ममता किरण,** भारत

तेरी नज़र ने मेरी नज़र से जो कह दिया है वो शायरी है,
कहा नहीं कुछ मगर दिलों ने जो भी सुना है वो शायरी है।

है इश्क़ मेरा तेरा ही नग़मा है मेरी तहरीर नाम तेरा,
तू ही क़लम है तू ही सियाही औ जो लिखा है वो शायरी है।

तू मौज़ू है मेरी ज़िंदगी का मैं मुब्तिला हूँ बस इश्क़ में ही,
मेरे लबों पे जो ये हँसी है औ कहकहा है वो शायरी है।

मेरा सफ़ीना है तेरे हाथों हो चाहे तूफ़ाँ या हो किनारा,
तेरी मुहब्बत में डूबकर के जो मैंने पाया वो शायरी है।

नहीं मुकम्मल मेरी कहानी न 'रेणु' हो तो है ये अधूरी,
तुझे सुख़नवर बना के मैंने जो हक़ रखा है वो शायरी है।

—**रेणु हुसैन,** भारत

जो आसमां से सुबह की लाली उतर गई है वो शायरी है,
हर एक ज़र्रे की जैसे रंगत निखर गई है वो शायरी है।

तमाम लहरें ही दौड़ी आई जो मैं समुंदर के तट पे पहुँचा,
लिपट के पांवों से प्यार से जो लहर गई है वो शायरी है।

पड़ा रहा वो सड़क पे घायल सब अपनी धुन में रहे गुज़रते,
अभी जो इक नेक दिल की उस पे नज़र गई है वो शायरी है।

मिले हैं ढाबे के छोटू को जो इनाम में दस के नोट दो दो,
जो उसके चेहरे पे मुस्कुराहट उभर गई है वो शायरी है।

था पहले पहले तुम्हें जो देखा, तभी जो तुमने मुझे था देखा,
तेरी नजर जो मेरी नजर में ठहर गई है वो शायरी है।

उदास गुमसुम नदी थी कितनी जो तैरने आ गए हैं बच्चे,
वही नदी किस कदर ख़ुशी से जो भर गई है वो शायरी है।

है आसमां पे जो इक मुसव्विर रचा धनक जिसने ख़ूबसूरत,
ज़मीं पे जादूगरी जो उसकी उतर गई है वो शायरी है।

नहीं किसी को पता है इतना हैं फूल कितने है कैसी डाली,
जो दूर तक उनकी भीनी ख़ुशबू बिखर गई है वो शायरी है।

—लक्ष्मी शंकर वाजपेई, भारत

वो एक जज़्बा जो सारे जज़्बों से मावरा है वो शायरी है,
वो एक ग़ुँचा जो अब भी दिल में महक रहा है वो शायरी है।

कहीं पे आँखें कहीं पे चेहरा कहीं पे ज़ुल्फें कहीं पे बाहें,
तुम्हारा जो नक़्श बादलों में उभर रहा है वो शायरी है।

तुम्हारी आँखों के सारे आँसू हमारी आँखों ने पी लिए हैं,
ये इश्क़ में दर्द बाँटने का जो सिलसिला है वो शायरी है।

तुम्हारे आगे ज़ुबाँ में ताले लगा के दिल ने चुरा ली नज़रें,
'जो कह सका था वो कह चुका हूँ जो रह गया है वो शायरी है'।

हमारी आँखों से बह गए जो हज़ार आँसू वो सब थे पानी,
जो एक क़तरा तुम्हारी पलकों पे जम गया है वो शायरी है।

न आरज़ू है न जुस्तजू है न जिस्मो जाँ की है कोई ख़्वाहिश,
जो मेरे दिल का तुम्हारे दिल से मुतालबा है वो शायरी है।

जो अनछुआ है जो अनकहा है यहीं कहीं है मगर नहीं है,
उसी का जादू जो सर पे चढ़ कर पुकारता है वो शायरी है।

अभी अभी मेरे दिल का शीशा चटख़ गया है तुम उसको छोड़ो,
तुम्हारे दिल का हरेक गोशा चमक उठा है वो शायरी है।

उसी से मंसूब शे'र मेरे वही ग़ज़ल है वही क़सीदा,
जो सच कहूँ तो मुझे तो 'अख़्तर' ये लग रहा है वो शायरी है।

—**सज्जाद अख़्तर,** भारत

बिना कहे कुछ ये दिल से दिल करता मशवरा है वो शायरी है,
हमारे दोनों के दरमियाँ दिल जो पारसा है वो शायरी है।

ख़मोश लब पर लगे थिरकने सुना ज़रा बेज़ुबां कहानी,
उतर ख्यालों के ज़रिए दिल करता राब्ता है वो शायरी है।

बहुत ही मुश्किल है ये बताना कि उलझनें तो नसीब सबका,
तजुर्बे अपने ही करते रहने का जायज़ा जो वो शायरी है।

बहर मुक्कमल रहे जहाँ पर, भरा हुआ हो जो भावों से भी,
रदीफ़ के साथ मिल के चलता जो क़ाफ़िया है वो शायरी है।

सुबह सुबह ही क़दम ठिठक से गए थे वाइ'ज़ के मशवरे पर,
कहें जो उल्फ़त में रू-ब-रू रखता फ़ासला है वो शायरी है।

पुरानी यादों के सिलसिले जब निकल के दिल में मचाएँ हलचल,
भुला के रंजिश सुकून-ए-दिल का सबब बना जो वो शायरी है।

कहीं पे बादल की हैं फुहारें कहीं पे तपता विरान सहरा,
'जो कह सका था वो कह चुका हूँ जो रह गया है वो शायरी है'।

छुपेगा अपनी शमा से कब तक कि आख़री दम का साथ उससे,
वो देख 'निर्मोही' ने जो दिल में कहा सुना है वो शायरी है।

—**सुरेंद्र कौशिक 'निर्मोही'**, अमेरिका

22

जब वो आएँ तो हर गुल खिला चाहिए

मात्रा भार: 212 212 212 212
अरकान: फ़ाइलुन फ़ाइलुन फ़ाइलुन फ़ाइलुन

मिसरा : अनमोल शुक्ल 'अनमोल'

ग़ज़लें

अमर त्रिपाठी, भारत	आमिर ख़ान, अमेरिका
आलोक अविरल, भारत	गीता कौशिक, अमेरिका
मधु शर्मा, अमेरिका	मनोज अबोध, भारत
ममता वार्ष्णेय, भारत	राजेंद्र निगम 'राज', भारत
रेणु हुसैन, भारत	लक्ष्मी शंकर वाजपेई, भारत
सज्जाद अख़्तर, भारत	सुरेंद्र मोहन कौशिक 'निर्मोही', अ.

उनको हर दौर में बस मज़ा चाहिए,
उनका दरबार हरदम सजा चाहिए।

राग दरबारी के वैद्य महराज को,
लूट के ख़ातिर रस्मी दुआ चाहिए।

वो बिमारी है सबसे बड़ी गाँव की,
ग़ैरों से पूछते, क्या दवा चाहिए।

जब अमर बन के श्रीलाल शुक्ला फिरे,
बेड़ा साहित्य का गर्क़ हुआ चाहिए।

चेहरा नारद का जैसा स्वयंवर में था,
ख्वाहिशें है ग़ज़ब दिलरुबा चाहिए।

एक तो वैसे बंजर ज़मी रेत की,
उसपे कहते विरोधी कुँआ चाहिए।

पुरखों का तोड़ा घर, और बनाया महल,
कहता भाई के हक़ भी मेरा चाहिये।

— **अमर त्रिपाठी,** भारत

इक निगाह-ए-करम दिलरुबा चाहिए,
इस से ज़्यादा मुझे और क्या चाहिए।

पहलू में जब भी आ के वो बैठें मेरे,
फिर वो हों, कुछ न उनके सिवा चाहिये।

मुझ को है इश्क़-ओ-'इशरत से क्या वास्ता,
मुझ को तो दर्द-ए-दिल की दवा चाहिये।

माल-ओ-ज़र की ज़रूरत नहीं है हमें,
उनकी रहमत का बस आसरा चाहिए।

छुप सकी है मोहब्बत निगाहों से कब,
उसके भी वास्ते तज़रबा चाहिए।

अब चमन में न अफ़्सुर्दा हो कोई भी,
'जब वो आएँ तो हर गुल खिला चाहिए'।

—आमिर ख़ान, न्यू यॉर्क

अब तो जीने की ख़ातिर दवा चाहिए,
उनसे मिलने का इक सिलसिला चाहिए।

अब मोहब्बत का मीठा नशा चाहिए,
दर्द से ज़िंदगी में मज़ा चाहिए।

बात कहनी तो है उनसे दिल की मगर,
है नहीं जो मुझे हौसला चाहिए।

रूह ज़िंदा हो जाए वो छू ले अगर,
इस करिश्मे की मुझको दुआ चाहिए।

आज अपनी गली आ रहे हैं सनम,
'वो जो आएँ तो हर गुल खिला चाहिए'।

वो जफ़ा भी निभाएँ वफ़ा की तरह,
इस अदावत की उनको अदा चाहिए।

—**आलोक अविरल,** भारत

कोई हमको नहीं काफ़िला चाहिए,
साथ तेरा यक़ीनन सदा चाहिए।

शाख-ए-गुलशन पे खिलते रहें गुल सदा,
प्यार का बस यही सिल-सिला चाहिए।

रात गुज़रे सुहानी सजीली सदा,
हो जो सुब्ह तो सूरज खिला चाहिए।

साथ जीने औ मरने की क़समें तेरी,
इस मुहब्बत को बस इक दुआ चाहिए।

आपका दिल समन्दर रहे बस सदा,
प्यार का अपना दरिया चढ़ा चाहिए।

यक-ब-यक क्यों बहार आज आने लगी,
'जब वो आएँ तो हर गुल खिला चाहिए'।

हाल-ए-दिल आपसे अब बयाँ क्या करें,
दिल से दिल मिल गया और क्या चाहिए।

उसकी रहमत हमेशा बरसती रहे,
ऐ मुक़द्दर! तुझे और क्या चाहिए।

—**गीता कौशिक**, अमेरिका

शोख़ियों में नई इक अदा चाहिए,
हसरतों का हसीं सिलसिला चाहिए।

ज़िन्दगी में अजब कुछ नशा चाहिए,
उनके घर का हमें अब पता चाहिए।

आसमाँ है खुला, रात भी है जवाँ,
नूर की बारिशें, और क्या चाहिए।

ज़िन्दगी धुन है तो गुनगुनाने की बस,
इक ग़ज़ल गीत या माहिया चाहिए।

बादलों से घिरा चाँद कहने लगा,
बिजलियों सी जवाँ प्रेमिका चाहिए।

ऐ बहारों ज़रा होश से काम लो,
'जब वो आएँ तो हर गुल खिला चाहिए'।

ख़्वाहिशों में मिरी, है कशिश प्यार की,
हमसफ़र आपकी अब वफ़ा चाहिए।

नीम का पेड़ आँगन लगा हो अगर,
छाँव शीतल हो फिर क्यों दवा चाहिए।

रेत का 'मधु' महल हम को जँचता नही,
ठोस हो नींव, आँगन खुला चाहिए ।

—**मधु शर्मा,** अमेरिका

क्या बताएँ तुम्हें, और क्या चाहिए,
प्यार का अब नया सिलसिला चाहिए।

चूम लेगी कदम बढ़ के मंज़िल तेरे,
दिल में रब, पाओं में हौसला चाहिए।

देख तो मुड़ के इक बार उसकी तरफ,
फिर बताना तुझे और क्या चाहिए।

ज़ख्म भरने लगे इस सफ़र के सभी,
पाँव में अब नया आबला चाहिए।

साथ देगा हमारा कहाँ तक कोई,
इस विषय पर कभी सोचना चाहिए।

दे सज़ा या रिहाई, मगर ज़िंदगी,
अब मुकदमा नहीं, फैसला चाहिए।

—**मनोज अबोध,** भारत

कह रहे हो कि वादा वफ़ा चाहिए,
फिर पुराना वही सिलसिला चाहिए।

रौंद कर तुम गये थे हयात-ए-चमन
आए हो अब तो हर गुल खिला चाहिए।

पेट बच्चों का भरने को मरती फिरूँ,
फिर भी प्याला तुम्हें मय भरा चाहिए।

क्या कहा मैं हूँ ख़ुदग़र्ज़, ये ही सही,
अपने हक़ का मुझे फैसला चाहिए।

ले के छुटकारा चाहे निकल लो जिधर,
मुझको तुम सा न अब सिरफ़िरा चाहिए।

मेरी बगिया के फूलों से महके चमन,
मेरी हिम्मत को रब हौसला चाहिए।

—ममता वार्ष्णेय, भारत

आज आवाम को और क्या चाहिए,
चैन से जी सके ये दुआ चाहिए।

बस सही को सही कह सकें एक दिन,
सिर्फ़ इतना हमें हौसला चाहिए।

जिस्म मांगे न रोटी, न कपड़ा, न घर,
साँस ले पाए बस वो हवा चाहिए।

आम इंसान को भीड़ बनने न दे,
आज हमको वही रहनुमा चाहिए।

दूध का दूध, पानी का पानी करे,
नेक मुंसिफ़ का यूँ फैसला चाहिए।

ज़िन्दगी की चुभन से फटे पैरहन
अब रफ़ूगर सनम आप सा चाहिए

मेरे महबूब ने दिल पे कुछ लिख दिया,
उसकी तहरीर का तर्जुमा चाहिए।

ज़ख़्म काँटों के सारे छुपा लो गुलों,
'जब वो आएँ तो हर गुल खिला चाहिए'।

—राजेंद्र निगम 'राज'

मुझको तो इश्क़ का ही नशा चाहिए,
इश्क़ है ग़र ख़ता तो सज़ा चाहिए।

हर परिंदा कफ़स से रिहा चाहिए,
अंजुमन में अमन की फ़िज़ा चाहिए।

हर तरफ़ से उठा नफ़रतों का धुँआ,
अब ज़रूरत है ठंडी हवा चाहिए।

जो समझ कर चले फ़र्ज़ ख़ुद से बड़ा,
नौजवाँ इस कदर सिरफिरा चाहिए।

एक ख्वाहिश मुझे तेरे पहलू की है,
मेरे ज़ख्मों को तेरी शिफ़ा चाहिए।

तेरे आग़ोश में मैं महकती रहूँ,
मेरी उल्फ़त को बस ये दुआ चाहिए।

मैं हूँ बेचैन तेरे लिए जिस तरह,
तू हो मेरे लिये ये सिला चाहिए।

साथ तू है मेरे ज़िंदगी की तरह,
तेरे बिन 'रेणु' को और क्या चाहिए।

—**रेणु हुसैन,** भारत

ख़ुद का खोजा हुआ रास्ता चाहिए,
अब न हरगिज़ कोई रहनुमा चाहिए।

कितने अनजाने डर सबके ज़ेहनों में हैं,
सबको अपने लिए इक ख़ुदा चाहिए।

कामयाबी को मेहनत है लाज़िम मगर,
कुछ अज़ीज़ों की भी तो दुआ चाहिए।

मेरी बस्ती में ऐसे भी है कुछ जिन्हें,
अवसरों के लिए आपदा चाहिए।

नफरतों के धुएं से तो घुटता है दम,
प्यार की ताजगी की हवा चाहिए।

ख़ुद विदेशों में क्यों भेजते हो उन्हें,
तुमको बच्चों का गर आसरा चाहिए।

—लक्ष्मी शंकर वाजपेई, भारत

नाख़ुदा कोई ऐसा ख़ुदा चाहिए,
कोई अवतार या देवता चाहिए।

हमको जीने का थोड़ा मज़ा चाहिये,
दर्द-ओ-ग़म का कोई सिलसिला चाहिये।

तेरी ख़ातिर जियेंगे मरेंगे बता,
ज़िंदगी फिर तुझे और क्या चाहिए।

उनको गुलशन की हालत से मतलब नहीं,
'जब वो आयें तो हर गुल खिला चाहिए'।

भाये आँखों को ऐसे कि दिल खिल उठें,
फिर से मंज़र कोई ख़ुशनुमा चाहिए।

—**सज्जाद अख़्तर,** भारत

ऐ गुल-ए-जाँ गुलिस्ताँ खिला चाहिए,
बू-ए-गुल हर-सू बाद-ए-सबा चाहिए।

खोई आँखों को अब रतजगा चाहिए,
दिल को रौशन करे दिलरुबा चाहिए।

बन सँवर तितलियाँ जब सताने लगें,
इन शगूफ़ों को इक मुद्द'आ चाहिए।

पाप तुझको न साक़ी लगे इसलिए,
आँख खुलते ही प्याला भरा चाहिए।

जाँ-ब-लब हो गए फँस के मझधार में,
आज़माए न वो रह-नुमा चाहिए।

दोस्ताना निभाने का वादा किया,
'जब वो आएँ तो हर गुल खिला चाहिए'।

लाख दुनिया भली दिल लुभाया यहाँ,
'निर्मोही' अब गगन ये खुला चाहिए।

—**सुरेंद्र कौशिक 'निर्मोही'**, अमेरिका

23

तेरे सर पर सवार है दुनिया

मात्रा भार: 2122 1212 22
अरकान: फ़ाइलातुन मुफ़ाइलुन फ़ेलुन

मिसरा : अनिमेष शर्मा 'आतिश'

ग़ज़लें

गीता कौशिक, अमेरिका	प्रज्ञा त्रिवेदी, भारत
मधु शर्मा, अमेरिका	मनोज अबोध, भारत
ममता किरण, भारत	राजेंद्र निगम 'राज'
रेणु हुसैन, भारत	लक्ष्मी शंकर वाजपेई, भारत

सुषमा मल्होत्रा, अमेरिका

यूँ तो फ़स्ल-ए-बहार है दुनिया,
पर कभी नागवार है दुनिया।

दूर से ख़ुश-गवार जो दिखती,
अनगिनत देती ख़ार है दुनिया।

है जो रंग-ए-बहार ये आलम,
छेड़ती दिल के तार है दुनिया।

दर्द-ए-दिल तार-तार है जिससे,
गर्दिश-ए-रोज़गार है दुनिया।

चाहतों का भँवर कभी बनकर,
तेरे सर पर सवार है दुनिया।

है कहीं बे-क़रारी दिल ही दिल,
तो कहीं ए'तिबार है दुनिया।

कर रहे ज़िक्र यार ये पंछी,
मुट्ठी भर बस ग़ुबार है दुनिया।

ख़ुद ही रखती ये फ़ासला पहले,
फिर करे इंतज़ार है दुनिया।

—**गीता कौशिक,** अमेरिका

सुख औ दुख का ही सार है दुनिया,
झील भी है कछार है दुनिया।

साथ देगा न कोई दूरी तक,
पल दो पल का ख़ुमार है दुनिया।

तुम जो बदले तो बदला है सब-कुछ,
अब बदलती बयार है दुनिया।

तुम ही समझे न प्रेम के माने,
अब तो बस ख़ार ख़ार है दुनिया।

सच्चे लोगों की कहाँ क़द्र यहाँ,
झूठों पर ही निसार है दुनिया।

मौक़ा दोगे तो वार कर देगी,
चल सम्हलकर कटार है दुनिया।

मोक्ष कैसे मिलेगा मर के भी,
'तेरे सर पर सवार है दुनिया'।

शेर तो मिलते इक्के-दुक्के ही,
पर अधिकतर सियार है दुनिया।

तू कहाँ इनमे पड़ गई 'प्रज्ञा',
तू है कोमल प्रहार है दुनिया।

—प्रज्ञा त्रिवेदी, भारत

मुझ पे ही सब निसार है दुनिया,
इस वहम का शिकार है दुनिया।

जीने की लत ज़रा जो लग जाए,
फिर अजब ही ख़ुमार है दुनिया।

बावरी बन के फिरती रहती है,
'तेरे सर पर सवार है दुनिया'।

फूल, तितली, धनक, किरण, चूड़ी,
रंगों का इक बज़ार है दुनिया।

माँ की ममता पिता का है साया,
भाई बहनों का प्यार है दुनिया।

भाव इसमें, जुनूँ भी है इसमें,
क्या ग़ज़ब गीतकार है दुनिया।

जिन सवालों को टालना चाहो,
पूछती बार बार है दुनिया।

वक़्त मरहम लगाए कितने भी,
वक़्त की फिर भी मार है दुनिया।

कर के कोशिश ज़रा सी देखो तो,
'मधु' बड़ी ख़ुशगवार है दुनिया।

—**मधु शर्मा,** अमेरिका

फूल है या न ख़ार है दुनिया,
सिर्फ़ पैसे की यार है दुनिया।

जिसने रक्खा है इसको पाँओ तले,
बस, उसी पर निसार है दुनिया।

है महज ये तेरी ग़लत-फ़हमी,
कि तेरी ग़म गुसार है दुनिया।

झूठ धोखा फ़रेब ख़ुदगर्जी,
कमतरी का शिकार है दुनिया।

मैंने जब से अलग बसाई है,
मेरी जन्नत है, प्यार है दुनिया।

सच के रस्ते पे जो चला उसको,
एक काँटों का हार है दुनिया।

फिर मरा भूख से यहाँ कोई,
ख़ूब सरमायेदार है दुनिया।

काट देगी ज़रा सी गलती पर,
तेज़ चाकू की धार है दुनिया।

—मनोज अबोध, भारत

श्वास का ही क़रार है दुनिया,
मौत का इंतज़ार है दुनिया।

तुझको खिलना गुलाब सा ही है,
हमने माना कि ख़ार है दुनिया।

तू जो होता है साथ मेरे तो,
रस भरी इक फुहार है दुनिया।

चांद, तारे, घटा औ गुल तितली,
ख़ूबसूरत बहार है दुनिया।

मन में होती है जब ख़लिश कोई,
ऐसा लगता है भार है दुनिया।

जिसने ख़ुद को बताया बढ़-चढ़ के
उसपे ही अब निसार है दुनिया।

हर कोई भागता नज़र आता,
जाने किस रथ, सवार है दुनिया।

दुख जो आया तो तू हुआ तनहा,
कब हुई ग़मगुसार है दुनिया!

इक ज़रा चूक क्या हुई तुझसे
'तेरे सर पर सवार है दुनिया'।

—**ममता किरण,** भारत

फूल जैसी बहार है दुनिया,
खार समझो न, प्यार है दुनिया।

मूल से सूद बढ़ रहा हर पल,
एक ऐसा उधार है दुनिया।

भूल ख़ुद को हुए जहाँ के जो,
आज उन पर निसार है दुनिया।

प्यार, नफ़रत, खुशी, ग़मी, गुरबत,
मिक्स जैसा अचार है दुनिया।

कारवाँ तो गुज़र गए सारे,
बच गया जो, ग़ुबार है दुनिया।

जो मुकम्मल न थी ग़ज़ल, पढ़ दी,
'तेरे सर पर सवार है दुनिया'।

काम आए दवा, न दारू ही,
यार, ऐसा बुखार है दुनिया।

ये जहां साथ ले के जाना है,
गफलतों की शिकार है दुनिया।

—राजेंद्र निगम 'राज'

यूँ तो बस इक उधार है दुनिया,
कुछ पलों का करार है दुनिया।

अंजुमन में जमाल जिसका है,
उस पे ही तो निसार है दुनिया।

तल्ख़ ही दिख रहा है हर कोई,
किसलिए इतनी ख़ार है दुनिया।

तू जो ग़ाफ़िल है सारी दुनिया से,
'तेरे सर पर सवार है दुनिया'।

देखने में ही अच्छी लगती है,
अपने अंदर बिमार है दुनिया।

कैसे कर लें यकीं किसी पर भी,
बेवफ़ा बे-शुमार है दुनिया।

मुख़्तसर सी है ज़िंदगी अपनी,
ज़िंदगी की बहार है दुनिया।

मेरी दुनिया में तू जो शामिल है,
इसलिए 'रेणु' प्यार है दुनिया।

—रेणु हुसैन, भारत

किस क़दर अश्क़-बार है दुनिया,
हादसों की शिकार है दुनिया।

कैसे-कैसे यहाँ नज़ारे हैं,
किसका ये शाहकार है दुनिया।

जिस से छुपता नहीं कभी कुछ भी,
एक ऐसा रडार है दुनिया।

जिनको करना है कुछ नया हासिल,
उनको इक इंतज़ार है दुनिया।

रूप इसका निखारते हैं जो,
उन पे दिल से निसार है दुनिया।

कैसे बारूद से निजात मिले,
अम्न को बेक़रार है दुनिया।

आज तक कौन ये समझ पाया
कैसी दुनिया के पार है दुनिया

जो यहां जी रहा है घुट-घुट कर,
उसको इक कारागार है दुनिया।

—लक्ष्मी शंकर वाजपेई, भारत

बाँहें खोलो तो प्यार है दुनिया,
ज़िंदगी की बहार है दुनिया।

प्यार की राहों में दग़ा भी है,
याद रखना कि ख़ार है दुनिया।

जिसको भी देखो दूर जा बैठा,
अपनों पे जैसे भार है दुनिया।

घर बना ले कोई कहीं पर भी,
कितना विस्तृत प्रसार है दुनिया।

चाँद तारे, खिले कहीं गुलशन,
तो कहीं पर मज़ार है दुनिया।

मुस्कुराहट के फूल जब भी खिले,
पाने को बे-क़रार है दुनिया।

चाह होगी कहाँ दुआ की तुझे,
'तेरे सर पर सवार है दुनिया'।

हाल 'रोशन' सुना रही अपना,
बाक़ी माँ का दुलार है दुनिया।

—**सुषमा मल्होत्रा,** अमेरिका

24

कि मिला तो मिल गया बे-तलब

मात्रा भार: 11212 11212 11212 11212
अरकान: मुतफ़ाइलुन मुतफ़ाइलुन मुतफ़ाइलुन मुतफ़ाइलुन

ऐ ख़ुदा अजब है तिरी रज़ा कोई भेद इस का न पा सका
कि मिला तो मिल गया बे-तलब जिसे माँगते थे मिला नहीं
— अंबरीन हसीब अंबर

मिसरा : मनोज अबोध

ग़ज़लें

अनिमेष शर्मा 'आतिश', भारत
अशोक सिंह, अमेरिका
प्रगीत कुँअर, ऑस्ट्रेलिया
भावना कुँअर, ऑस्ट्रेलिया
ममता किरण, भारत
लक्ष्मी शंकर वाजपेई, भारत
सज्जाद अख़्तर, भारत

न ज़ुबाँ से है कोई राबिता कि नज़र में शर्म-ओ-हया नहीं,
वो ख़बर सुनाने को आ गया जिसे अपने दिल का पता नहीं।

ये नसीब का ही तो खेल है मुझे लग गयी कोई बद-दुआ।
'कि मिला तो मिल गया बे-तलब जिसे माँगते थे मिला नहीं'।

मेरी बेबसी को तो देखिए ये दबाब है मेरी ज़ीस्त पर,
उसी शख़्स को मैं कुबूल लूँ मेरे वास्ते जो बना नहीं।

तू खिजाँ है तू कहीं और जा किसी और से बना राब्ता,
मुझे क्यों सताने को आ गई मेरा हाल तुझसे जुदा नहीं।

मैं कुबूलता हूँ मेरी कमी ये ख़लिश जिगर में अभी भी है,
तेरे चाहने से जो हो गया मेरे चाहने से हुआ नहीं।

—**अनिमेष शर्मा 'आतिश'**, भारत

किसी दर्द-ए-दिल का सिला नहीं, कोई हौसला भी बचा नहीं,
मिला ज़िंदगी के जो दरमाँ में, था वो दर्द ही था दवा नहीं।

दरमाँ=उपचार

ये हक़ीक़ी हैं, न हिकायतें, कभी इनका भी तो शुमार कर,
जो मैं बात ख़ुद से न कह सका, मुझे बात वो तू सुना नहीं।

*हिकायतें=क़िस्से-कहानियाँ

मिले मुद्दतों के वो बाद जब, तो अजब ही दौर था जज़्बों का,
जो कहा सुना था नज़र से बस, कभी लब किसी का खुला नहीं।

हैं वो आँखें पंखुड़ी कँवल की हैं वो लब मुशाबह गुलाब के,
है पेशानी उसकी न माह-ए-रुख़, है वो ज़ुल्फ़ काली घटा नहीं।

ये तो वक़्त वक़्त की बात है, कभी चाँदनी कभी धूप है,
कभी होती थी सौ शिकायतें, न है प्यार अब या गिला नहीं।

किसी भूख की किसी प्यास की, किसी चाह की है तलब उसे,
जो बदन से आ तेरे लिपटी है, है वो कोई प्रेम-लता नहीं।

ये निज़ाम लेन और देन के किया करती कैसे है ज़िंदगी,
'कि मिला तो मिल गया बे-तलब जिसे माँगते थे मिला नहीं'।

न हीं कायनात सुख़न की है, न ग़ज़ल के नाम पे ही ये ग़ज़ल,
हैं इबारतें मेरे दिल की ये, कोई फ़िक्र-ओ-फ़न की फ़ज़ा नहीं।

— **अशोक सिंह,** अमेरिका

अभी क़द में छोटा है पेड़ वो उसे मुश्किलों का पता नहीं,
उसे छूके निकली है बस हवा कभी आँधियों में घिरा नहीं।

मेरे साथ ही ये हुआ है क्या किसी और से ये सुना नहीं,
कभी ये हुआ कभी वो हुआ जो मैं चाहता था हुआ नहीं।

तू तो बोलता ही रहा सदा मैं ज़ुबान सिल के जो चुप रहा,
तेरा झूठ सबकी ज़ुबान पर मेरा सच किसी को दिखा नहीं।

मैं सुबह को निकला था काम से मुझे लौटना भी था देर से,
मैं जो घर को लौटा तो घर मेरा क्यूँ मेरे लिए ही खुला नहीं।

मैंने दिल का ही है सदा सुना मेरे दिल को भाया वही किया,
जो लगा कि करना फ़िज़ूल है तो वो काम मैंने किया नहीं।

उसे फूंक का किसी डर था बस, न बुझा कभी भी वो ख़ुद से वो,
यूँ जला चिराग़ वो भोर तक कभी रात से वो डरा नहीं।

—**प्रगीत कुँअर,** ऑस्ट्रेलिया

जो गया था छोड़ के बे-सबब उसे दर्द-ए-दिल का पता नहीं,
कि चराग़ याद का बाम पर जो जला था अब भी बुझा नहीं।

कहीं आँसुओं की हैं बारिशें कहीं तिश्नगी की नवाज़िशें,
यहाँ कैसा साक़ी निज़ाम है यहाँ जाम सबको मिला नहीं।

मुझे ऐसा किसने बना दिया मिरी हर समझ को मिटा दिया,
कोई लफ़्ज़ याद नहीं रहे कोई शे'र उस पे हुआ नहीं।

चलो ख़ामुशी के दयार में किसी गुलिस्ताँ के कनार में,
वही आँखों आँखों में ज़िक्र हो जो कभी किसी से कहा नहीं।

यहाँ दिल में दिल का क़याम है यहाँ नफ़रतें तो हराम हैं,
ये मोहब्बतों का जहान है यहाँ इश्क़ करना ख़ता नहीं।

मिरी आँखों को ज़रा देख ले वही नूर है वही आस है,
अभी अक्स तेरा है हू-ब-हू अभी रंग कोई चढ़ा नहीं।

ये अजब नसीब है 'भावना' तेरा झूठा झूठा है आईना,
मुझे देखकर वो हंसा मगर मिरा चेहरा उसने पढ़ा नहीं।

—**भावना कुँअर,** ऑस्ट्रेलिया

मेरा देश मेरी रगो में है कहीं और मन ये रमा नहीं,
जैसे पंछी लौटता नीड़ में किसी और ठौर टिका नहीं।

चाहे कुछ किसी के भी पास हो कभी फर्क़ इससे पड़ा नहीं,
मेरे पास जो था मैं ख़ुश रही मेरा दिल कभी भी जला नहीं।

कभी सोचा खाली करूं इसे ये पुराना बक्शा पड़ा है जो,
जुड़ी सबसे ही कोई याद थी कभी फेंका कुछ भी गया नहीं।

हुआ यूँ भी उसने भला-बुरा मेरी पीठ पीछे कहा बहुत,
मेरा ज़र्फ़ था उसे सुन के भी कभी मैंने कुछ भी कहा नहीं।

ये अजीब है जो आ जाते हैं बड़े वादे करने चुनाव में,
वो जो पूरा कर दे एक भी कोई ऐसा नेता हुआ नहीं।

ये सफ़र हुआ है तमाम अब कि लो आ गईं मेरी मंजिलें,
मिला साथ जिनका है शुक्रिया और उनका भी जो मिला नहीं।

तू नवाज़ता है हिसाब से मुझे इसका कोई गिला नहीं,
'कि मिला तो मिल गया बे-तलब जिसे मांगते थे मिला नहीं'।

—**ममता किरण,** भारत

वो जो फ़न को अपने है पूजता कि ज़मीर जिसका मरा नहीं,
नहीं फ़न को रुसवा करे कभी, किसी मोल भी वो बिका नहीं।

है जो ठहरे ताल सी ज़िंदगी उसे बहती नदिया का रूप दो,
कभी ख़ुद से फिर न कहोगे तुम, रहा ज़िंदगी में मज़ा नहीं।

जो हुकूमतें करें कुछ ग़लत उन्हें खुल के टोको बिना डरे,
ये जम्हूरियत का निज़ाम है, जो है रहनुमा वो ख़ुदा नहीं।

कई बार ख़तरे थे ऐसे भी कि ये धरती कैसे बचेगी अब,
ये हसीन दुनिया का कारवां, कभी चलते-चलते रुका नहीं।

ऐ नई ग़ज़ल तू भी बन नई, जो हैं दर्द बस्ती के उनको लिख,
वो जो हुस्न ओ इश्क़ पे थी फ़िदा वो पुरानी ठीक अदा नहीं।

जिन्हें ज़िंदगी से न कुछ मिला भले उनको कुछ भी न हो गिला,
जिन्हें ज़िंदगी से बहुत मिला वही कहते कुछ भी मिला नहीं।

ये उम्मीद का जो चिराग़ है वही हमको देता है रोशनी,
चली हादसों की भी आँधियाँ ये चिराग़ फिर भी बुझा नहीं।

वो गुनाह कितने बड़े करें, करें क़त्ल भी बड़े शौक से,
हैं सियासी रिश्ते जुड़े अगर तो मिलेगी कोई सज़ा नहीं।

गया चंद्रयान जो चाँद पर मुझे डर था चाँद डरे नहीं,
है ख़ुशी की चाँद भी ख़ुश हुआ कहीं बादलों में छुपा नहीं।

—**लक्ष्मी शंकर वाजपेई,** भारत

कहीं कश्तियाँ सभी खो गयीं कहीं साहिलों का पता नहीं,
उसे इल्म भी तो दे ऐ ख़ुदा कि वो नाख़ुदा है ख़ुदा नहीं।

जिन्हें देखता हूँ मैं रोज़ो शब न दिखें कभी तो गिला नहीं,
जो नज़र में मेरी बसा हुआ है वो मुद्दतों से दिखा नहीं।

जो क़रीब है वो नसीब है जो हबीब है वो रक़ीब है,
'कि मिला तो मिल गया बेतलब जिसे मांगते थे मिला नहीं'।

नहीं मेरी अपनी ज़ुबां कोई नहीं मेरा अपना बयां कोई,
जो कहा नहीं वो सुना नहीं, जो सुना नहीं वो कहा नहीं।

वो जो आस बन के ठहर गया वो जो रोशनी सा बिखर गया,
मेरी रूह में जो उतर गया तो सुराग़ तक भी मिला नहीं।

मेरे जिस्म पर कोई दाग़ है न निशान है किसी ज़ख़्म का,
तुझे क्या कहूँ मेरे चारागर, मेरे दर्दे दिल की दवा नहीं।

मेरी ख़्वाहिशें जो बढ़ीं यूँ ही तो समेट लेंगी जहान भी,
जो नसीब है वो मिला सदा जो मेरा न था वो मिला नहीं।

जो रुका रहा मेरी आँख में वही अश्क़ मुझको अज़ीज़ है,
जो पलक पे मेरी तड़पता है जो दिखा नहीं जो बहा नहीं।

—सज्जाद अख़्तर, भारत

25

तुम्हारा प्यार है सबसे निराला

मात्रा भार: 1222 1222 122
अरकान: मुफ़ाईलुन मुफ़ाईलुन फ़ऊलुन

मिसरा : अशोक सिंह

ग़ज़लें

अनिमेष शर्मा 'आतिश', भारत
गीता कौशिक, अमेरिका
भावना कुँअर, ऑस्ट्रेलिया
रेणु हुसैन, भारत
विनीता तिवारी, अमेरिका
अनमोल शुक्ल 'अनमोल', भारत
प्रगीत कुँअर, ऑस्ट्रेलिया
प्रेम बिहारी मिश्र, भारत
लक्ष्मी शंकर वाजपेई, भारत
सुरेंद्र मोहन कौशिक 'निर्मोही', अ.

न अपने चेहरे पे चेहरे को ढाला,
न ऐबों पर कभी परदा ही डाला।

बड़े नाज़ों से था जिस दिल को पाला,
तेरे इन्कार ने वो तोड़ डाला।

अगर मंज़िल का रुख़ कर ही लिया तो,
कभी फिर पाँव का देखा न छाला।

लगेगा हाथ उसके कुछ न कुछ तो,
समन्दर प्यार का जिसने खँगाला।

कसम से देख ले आँखें जो तेरी
यक़ीनन ख़ुद पे शरमाए ग़ज़ाला।

धनुष हमसे न टूटे मुफ़लिसी के,
पिन्हाते रह गए दो हाथ माला।

बता देंगे सभी को राज़ आँसू,
अगर तुमने उन्हें घर से निकाला।

न जाने कैसे पढ़ लेते हो मन को,
'तुम्हारा प्यार है सबसे निराला'।

यही परिचय तो है 'अनमोल' का बस,
ग़ज़ल का ओढ़ रक्खा है दुशाला।

—अनमोल शुक्ल 'अनमोल', भारत

घड़ी शुभ देख अरमाँ ले उछाला,
बड़ी मुश्किल से था ख़ुद को सँभाला।

विदा करते हुए थी माँ ये बोली,
फलेगी-फूलेगी जो ख़ुद को ढ़ाला।

पहुँच ससुराल सब माहौल बदला,
लगा अपना न होगा बोल-बाला।

लगे निर्मोही से जब सब मिलाने,
ठिठक कर रह गई सब ही थे आ'ला।

कमर कसते हुए जिस ओर देखूँ,
नए माहौल की थी पाठ-शाला।

दिये जाते थे सब ज्ञान आते-जाते,
कठिन पन्नों भरा-पूरा रिसाला।

हिला सचमुच दिया थी हड़बड़ाहट,
दिया इस ख़्वाब ने कैसा हवाला।

सुबह उठकर कहा निर्मोही प्यारे,
'तुम्हारा प्यार है सबसे निराला'।

—**गीता कौशिक,** अमेरिका

ये कैसे दर्द को हमने है पाला,
हमें भीतर तलक जिसने उबाला।

किसी के सामने ग़र हो उजाला,
वो पीछे दीखता सबको है काला।

जहाँ अरमान रहते हैं हमारे,
लगाया हमने है उस दिल पे ताला।

कई तूफ़ान इसमें चल रहे थे,
बड़ी मुश्किल से है दिल को सँभाला।

मिला ना दिल में तेरे नाम अपना,
बहुत भीतर तलक हमने खंगाला।

उन्होंने ही हमें बिसरा दिया है,
उन्हें हमने नहीं दिल से निकाला।

—**प्रगीत कुँअर,** ऑस्ट्रेलिया

अज़ल से पी रही हूँ ग़म का प्याला,
ख़ुदा ने भी नहीं हमको सँभाला।

शब-ए-ग़म में अँधेरा हर तरफ़ है,
मगर यादों का है दिल में उजाला।

बहुत बेचैन सी राहें हैं इसकी,
सफ़र है इश्क़ का कितना निराला।

मुझे तूफ़ाँ से शिकवा किसलिए हो,
मिरी कश्ती को साहिल ने उछाला।

सँभल कर तीर मारें सब शिकारी,
कि जंगल में है तन्हा इक ग़ज़ाला।

डराते क्यों हो रस्ते से हमें तुम,
ये रस्ता तो है मेरा देखा भाला।

बदल सकते नहीं क़िस्मत अगर तुम,
न छीनो कम से कम इनका निवाला।

बहुत सी दास्तानें हैं ग़ज़ल में,
यही है 'भावना' मेरा रिसाला।

—भावना कुँअर, ऑस्ट्रेलिया

हमारे हाथ में देखा है प्याला,
कभी तो देखते दिल का भी छाला।

बता देता है चेहरा हर हक़ीक़त,
हो जैसे कोई उम्दा सा रिसाला।

उजागर कर दिया आँखों ने अपनी,
छुपा दिल में ग़मों का था जो नाला।

किए यारों ने क़त्ल अरमान मेरे,
जनाज़ा धूम से उनका निकाला।

मैं इज़हार-ए-मोहब्बत कर रहा हूँ,
'तुम्हारा प्यार है सबसे निराला'।

बसाया 'प्रेम' जिसने दिल में अपने,
अँधेरों में किया उसने उजाला।

—प्रेम बिहारी मिश्र, भारत

मुझे दिल से न जाने क्यों निकाला,
किसी का दे रहा है वो हवाला।

किसी बेघर को जिसने दीं पनाहें,
मुझे वो घर लगा जैसे शिवाला।

बढ़ी सर्दी ग़मों की, तो किसी ने,
उढ़ाया है मोहब्बत का दुशाला।

सुबह जब आँख उसने खोल दी तो,
इसी से हो गया जग में उजाला।

जिसे देखो उसे पागल किए है,
'तुम्हारा प्यार है सबसे निराला'।

किसी का छीन कर हक़ लाए थे तो,
गले की फाँस बन बैठा निवाला।

सफ़र की मुश्किलें तब जान पाया,
पड़ा जब 'राज' के पांवों में छाला।

—राजेंद्र निगम 'राज', भारत

यही अहसास तो है सबसे आला,
है रंगें इश्क़ ही सबसे निराला।

मुझे हर सिम्त तुम ही दिख रहे हो,
मुहब्बत का मैं क्यों कर दूँ हवाला।

कभी मायूसियों में जब घिरी हूँ,
तुम्हारे प्यार ने मुझको सँभाला।

तुम्हारा प्यार मेरे दिल में यूँ है,
कि मैंने एक बच्चे को है पाला।

बुराई ख़ुद में ही पाई है मैंने,
कभी मैंने जो अपना दिल खंगाला।

तग़ाफ़ुल ही सही सबकी नज़र में,
मुहब्बत रूह का भी है निवाला।

कई रंगों में है देखी ये दुनिया,
मगर है इश्क़ ही सबसे निराला।

—**रेणु हुसैन,** भारत

वो क्या बस्ती में बाटेंगे उजाला,
है जिनका ख़ुद का ही इतिहास काला।

कहाँ से ला के रख दी किसकी मूरत,
परेशाँ हो रहा है इक शिवाला।

ये नफ़रत देगी बस दंगे तबाही,
छिनेगा सिर्फ मुफ़लिस का निवाला

चिराग़ों ने हवा से कह दिया कल,
जलेंगे हम, तू आंधी को बुला ला।

सियासी रहनुमा सब खोज में हैं,
नया क्या नारा जाए अब उछाला।

हुकूमत ने डराया लाख उसको,
ज़ुबां पर कब लगा पाई वो ताला।

किया इजहार तो बेशक न तुमने,
'तुम्हारा प्यार है सबसे निराला'।

जुदाई में तेरी जीता था मुश्किल,
तेरी यादों ने ही मुझको संभाला।

किसी सुनसान वीराने में जाकर,
तू ख़ुद को एक दिन ख़ुद से मिला ला।

—**लक्ष्मी शंकर वाजपेई,** भारत

न दिल में रख सका, या फिर निकाला,
बड़ी मुश्किल में जानम तूने डाला।

अगर थी चित भी तेरी पट भी तेरी,
तो फिर बेवज़्ह क्यों सिक्का उछाला।

शहर में कुछ अलग सी खलबली है,
सुना चोरों का है अब बोलबाला।

कहीं पर लग रहे हैं भोग छप्पन,
कोई तरसा है खाने को निवाला।

बिना ही बात में, हर बात पर क्यों,
वो देता जा रहा मेरा हवाला।

बहुत से चाहने वाले हैं लेकिन,
'तुम्हारा प्यार है सबसे निराला'।

—**विनिता तिवारी,** अमेरिका

मिज़ाज-ए-दिल ज़रा सा था निराला,
पढ़ा किसने मिरे दिल का रिसाला।

गुज़र-औक़ात ख़ातिर घर है छूटा,
रहा इन मेहनती हाथों में छाला।

लगा के आग उसने गुल्सिताँ में,
मेरा सादा नशेमन फूँक डाला।

चले जो आँधियाँ इस ओर पंछी,
फिज़ाओं का न देना तुम हवाला।

यही मै सोच कर आता यहाँ हूँ,
'तुम्हारा प्यार है सबसे निराला'।

रहे आबाद साक़ी तू हमेशा,
बहकते मेरे कदमों को सँभाला।

गुल-ओ-गुलज़ार रखना इस चमन को,
यहाँ वापिस कहाँ अब आने वाला।

क़फ़स की कैद से उडकर चला जब,
लगा छटने मेरा 'निर्मोही' जाला।

—**सुरेंद्र कौशिक 'निर्मोही'**, अमेरिका

शायर परिचय

अनमोल शुक्ल 'अनमोल', भारत

जन्मतिथि : 23-04-1957

प्रकाशित कृति : ग़ज़ल संग्रह 'दरिया डूब गया' (2009)

सम्पादित कृतियाँ : ग़ज़ल एकादशी 2008, ग़ज़ल एकादशी 2010, ग़ज़ल एकादशी 2012

पुरस्कार/सम्मान : अनेक संस्थाओं द्वारा सम्मानित एवं पुरस्कृत, आकाशवाणी नजीबाबाद से अनेक बार काव्यपाठ

सम्प्रति : सिंचाई विभाग उ०प्र० से सेवानिवृत्त सहायक अभियंता, हरदोई (उ.प्र.)

इस संकलन में ग़ज़लें : 4, 6, 10, 11, 14, 25

****

अनिमेष शर्मा 'आतिश', भारत

जन्मतिथि : 04 जुलाई, 1957

जन्मस्थान : खंडवाया (बुलंदशहर)

निवासस्थान : एस. जी. 118, शास्त्री नगर, ग़ाज़ियाबाद

शिक्षा : एम. ए., एल.एल.बी.

विधाएँ : गीत, ग़ज़ल, मुक्तक, कहानियाँ, दो ग़ज़ल संग्रह प्रकाशित, कवि-सम्मेलनों और गोष्ठियों में सहभागिता, आकाशवाणी एवम दूरदर्शन से गीत, ग़ज़ल एवम कहानियों का प्रसारण, आकाशवाणी से संगीतबद्ध गीतों का प्रसारण, अनेक संस्थाओं द्वारा सम्मानित।

इस संकलन में ग़ज़लें : 4, 5, 6, 7, 9, 11, 12, 13, 19, 20, 21, 24

सम्प्रति : वरिष्ठ प्रबंधक (सेवा निवृत), केनरा बैंक।

****

अमर त्रिपाठी, भारत

साहित्य संपादक, स्वतंत्र जनसमाचार, कांसेप्ट एडिटर, सूचना संदर्भ, लखनऊ विदिशा से प्रकाशित दैनिक अखबार, धर्म युग, नवभारत टाइम्स, जनसत्ता, एब्सलूट इंडियाआदि अखबारों में इंटरव्यू तथा कॉलम भारती प्रसार परिषद द्वारा विशिष्ट पत्रकार सम्मान, पत्रकारिता भूषण सम्मान संचार रत्न, इलेक्ट्रॉनिक मीडिया, तथा अन्य विभिन्न सांस्कृतिक संस्थाओं द्वारा सम्मान।

इस संकलन में ग़ज़लें : 1, 3, 4, 12, 16, 17, 21, 22

संपर्क : amar.rpl@gmail.com

****

अशोक सिंह, अमेरिका

तरंग, न्यू यॉर्क एवं 'एक शे'र अर्ज़ किया है' डिजिटल गोष्ठी के संस्थापक। अशोक हिंदी भाषा और साहित्य की सेवा के लिए अमेरिका और न्यू यॉर्क की स्थानीय साहित्यिक संस्थाओं से जुड़े रह कर अपना भरपूर योगदान देते रहे हैं। भारत से आमंत्रित शीर्ष कवियों को लेकर कवि सम्मेलनों के सफल आयोजन एवं प्रबंधन।

शिक्षा : रूड़की विश्वविद्यालय (अब IIT) से इंजीनियरिंग में पूर्व-स्नातक; अमेरिका से कम्प्यूटर साइंस में स्नातक डिग्री।

प्रकाशित कृतियाँ : काव्य संग्रह, 'फिर वसंत आए; **सम्पादन :** 'काव्य-तरंग' और 'एक शे'र अर्ज़ किया है' शताब्दी संकलन; ग़ज़ल संग्रह, 'ख़्वाब कोई बिखर गया'

सम्प्रति : पिछले 30 वर्षों से न्यू यॉर्क, अमेरिका में निवास ।

इस संकलन में ग़ज़लें : 1, 2, 3, 4, 7, 8, 10, 15, 18, 19, 21, 24

संपर्क : ashokgsingh@gmail.com

****

आमिर ख़ान, अमेरिका, मूल : पाकिस्तान

'एक शे'र अर्ज़ किया है' मुशायरे के लिये जितना लिखा जाये वो कम ही है, अशोक सिंह जी की कोशिशों और मेहनत का नतीजा है कि चार सालों से ये प्रोग्राम दिन ब दिन तरक्की कर रहा है। कितने ही कवि और शायर सारी दुनिया से जुड बैठते थे। मैं साल से ज़्यादा तनहाई मे रहा, शिद्दत से हफ़्ते के दिन का इंतजार होता था। मेरी दुआ है अल्लाह ताला इस प्रोग्राम को और तरक्क़ी दे, अशोक सिंह को और ताक़त दे, कि ये प्रोग्राम इसी तरह ज़ारी रहे।

सम्प्रति : पिछले 45 वर्षों से न्यू यॉर्क सिटी में निवास

इस संकलन में ग़ज़लें : 13, 20, 22

****

आलोक अविरल, भारत

शिक्षा : बी.एस.सी, एम.ए. (अर्थशास्त्र), एम.बी.ए. (मार्केटिंग), पी.एच.डी (मैनेजमेंट) अध्ययनरत

व्यवसाय : उप-महाप्रबंधक के पद पर इंडियन ऑयल में कार्यरत

लेखन विधा : मुख्यतः कविताएँ और ग़ज़ल 'एक शे'र अर्ज़ किया है' शताब्दी संकलन; एक काव्य संग्रह प्रकाशनार्थ; विभिन्न पत्र पत्रिकाओं में प्रकाशित, विभिन्न मंचों पर काव्यपाठ, वक्ता एवं संचालक

निवास : नोएडा, उत्तर प्रदेश

इस संकलन में ग़ज़लें : 1, 14, 15, 20, 22

सम्पर्क : मो०: ह्वाट्सएप/कालिंग नंबर : 48631 75064 91+

****

गीता कौशिक, अमेरिका

जन्म : 22 अगस्त, रोहतक, हरियाणा।

शिक्षा : मास्टर्स, कम्प्यूटर इन्फ़ॉर्मेशन सिस्टम।

प्रकाशित साझा काव्य पुस्तकें : 'एकाक्ष'; 'अनहिता'; 'काव्य संसार'; 'पद्य प्रसून'; 'मन की तुरपायी'; 'इंकलाब'

रुचि : लेखन – कविता, ग़ज़ल, कहानी, उपन्यास; स्थानीय उर्दू मजलिस एवं कवि सम्मेलनों में निरन्तर भागीदारी। साहित्य, संगीत एवं आयल पेंटिंग।

निवास : कैरी, नार्थ कैरोलिना, अमेरिका।

इस संकलन में ग़ज़लें : 14, 20, 21, 22, 23, 25

****

दिगम्बर नासवा, मलेशिया

फरीदाबाद हरियाणा में मूल निवास, चार्टेड अकाउंटेंट, पढने, लिखने और घूमने का शौकीन, जीवन को भरपूर जीने की चाह रखने वाला साधारण सा मानुष हूँ. प्रेम करने वाली पत्नी, दो बच्चे, जीवन ने भरपूर दिया है, हाँ इच्छाओं की कमी फिर भी नहीं, निरन्तर कुछ नया जानने का प्रयास नए अनुभव देता रहता है, जो कभी रचना या कभी ग़ज़ल या कभी किसी भी माध्यम से कागज़ पर उतर उतारने का प्रयास करता हूँ। जीवन के 20 वर्ष दुबई में और अभी 7 वर्षों से मलेशिया में रह रहा हूँ।

प्रकाशित पुस्तकें : ग़ज़ल संग्रह, 'कोशिश, माँ को समेटने की'; 'एक शे'र अर्ज़ किया है', शताब्दी संकलन

इस संकलन में ग़ज़लें : 1, 2, 3, 4, 5, 7, 10, 12, 13, 14, 15

****

पूनम माटिया, भारत

डॉ. पूनम माटिया (मानद (विद्यावाचस्पति एवं विद्यासागर मानद उपाधि प्राप्त)

माता-पिता : स्व.मैना एवं स्व. श्याम लाल गुप्ता

शिक्षा : बी एस सी, एम एस सी (न्यूट्रीशन), बी एड, एम बी ए, एम ए (हिन्दी)

लेखन विधा : ग़ज़ल, कविता (हिंदी, अंग्रेज़ी), कहानी, नाटिकाएं, यात्रा

प्रकाशन : एकल काव्य संग्रह : स्वप्न श्रृंगार; अरमान; अभी तो सागर शेष है; सात

संयुक्त काव्य संग्रह : स्वतंत्र लेखन, मंच-सञ्चालन, साहित्यिक-संपादन इग्नोउ अकादमिक कॉउंसिलर। अंतस् संस्था के संस्थापिका वि अध्यक्ष।

इस संकलन में ग़ज़लें : 14, 16

संपर्क : पॉकेट ए, 90 बी , दिलशाद गार्डन, दिल्ली 110095

फ़ोन : 9312624097, **ई मेल** : poonam.matia@gmail.com

****

प्रगीत कुँअर, ऑस्ट्रेलिया

जन्म : ग़ाज़ियाबाद उ०प्र०

निवास स्थान : ऑस्ट्रेलिया (सिडनी)

शिक्षा : B. Com, C.A., I.C.W. A. L.L.B.

प्रकाशित पुस्तकें : देखें थे जो ख़्वाब (दोहा संग्रह)

लेखन : दोहे, हाइकु, ताँका, सेदोका, माहिया, गीत, गज़ल, कहानी, लघुकथा आदि।

अभिरुचि : साहित्य लेखन,अध्ययन, संगीत और काव्य।

संप्रति : निजी कम्पनी में डायरेक्टर एकाउंट्स एवं फ़ाइनेंस।

अन्य : सदस्य संपादक मंडल ऑस्ट्रेलियांचल साहित्यिक ई-पत्रिका

इस संकलन में ग़ज़लें : 2, 3, 4, 5, 7, 10, 13, 16, 20, 21, 24, 25

सम्पर्क : prageetk@yahoo.com

प्रज्ञा त्रिवेदी, भारत

जन्म : जून 1972 ,13

शिक्षा : M.A. (संगीत, अर्थशास्त्र, मनोविज्ञान) प्रकाशन : साझा संग्रहों में कविताएँ, व्यंग्य, आलेख आदि।

विशेष : 'एक शे'र अर्ज़ किया है' से प्रेमवश जुड़ी वंदना और अल्बम की ग़ज़लें गाते हुए आयोजकों की प्रेरणा से ग़ज़लें कहना सीखा।

सम्प्रति : रिलेशनशिप काउंसलर ,वास्तुविद्,

फाउंडर : अभिमन्यु गर्भ संस्कार संस्थान, प्रज्ञा ज्योतिषीय संस्थान।

निवास : प्रोफ़ेसर कॉलोनी, रायपुर, छत्तीसगढ़

इस संकलन में ग़ज़लें : 6, 9, 11, 13, 14, 15, 23

संपर्क : pragya.ashok.trivedi@gmail.com;

मोबाइल : +91 13672 86020

****

प्रेम बिहारी मिश्र, भारत

आयु : 77 वर्ष

प्रकाशित पुस्तकें : मुक्तक संग्रह, ग़ज़ल संग्रह, कविता संग्रह तथा चौदह साझा काव्य संग्रहों में सहभागिता;

विधाएँ : कविता, गीत, ग़ज़ल, गीतिका, छन्द, मुक्तक, दोहा, चौपाई, माहिया, हाइकू, क्षणिकाएं, स्वच्छन्द कविता, लेख;

सम्प्रति : नई दिल्ली में निवास, सेवानिवृत्त सहायक निदेशक, सीमा सुरक्षा बल;

विशेष : अध्यक्ष, दिल्ली कविता मंडल;

सम्मान : भारत में अनेकोनेक, इंडोनेशिया में 'सृजन भारती' व 'काव्य भारती' सम्मान

इस संकलन में ग़ज़लें : 11, 12, 14, 15, 25

संपर्क : pbmishra.bsf@gmail.com

भावना कुँअर, ऑस्ट्रेलिया

जन्म : मुज़फ्फ़रनगर, उत्तर प्रदेश

शिक्षा : एम. ए. (हिन्दी व संस्कृत), बी.एड., पी.एच.डी. (हिन्दी ग़ज़ल)

प्रकाशित पुस्तकें : तारों की चूनर, धूप के खरगोश (हाइकु), जाग उठी चुभन (सेदोका), (चोका-संग्रह), जरा रोशनी मैं लाऊँ (मुक्त छंद) यादों का गाँव (ताँका-संग्रह), अक्षरसरिता, शब्द सरिता, स्वर सरिता, गीत सरिता (हिन्दी भाषा- शिक्षण की शृंखला); संपादन - 11 पुस्तकें सह संपादित

संपादिका : ऑस्ट्रेलियांचल हिंदी ई-पत्रिका

सम्मान : हाइकु रत्न (2011), कविता कोष, हिन्दुस्तानी भाषा काव्य प्रतिभा (2018)

इस संकलन में ग़ज़लें : 4, 5, 9, 10, 11, 16, 17, 20, 22, 24, 25

निवास : सिडनी, ऑस्ट्रेलिया,

ई-मेल : bhawnak2002@gmail.com

****

मधु शर्मा, अमेरिका

जन्मतिथि : 4 जुलाई

शिक्षा : एम ए अंग्रेज़ी, बी एड, एम एड

विशेष : 'गुलमोहर' फ़ेसबुक ग्रुप की संस्थापिका, 'एक शे'र अर्ज़ किया है' के 50 से अधिक कार्यक्रमों में सहभागिता, 1 में संचालन व 1 में सह संचालन, अध्यक्ष- महिला काव्य मंच न्यू यार्क इकाई

अध्यक्ष : विश्व ब्राह्मण समाज संघ, ब्यूरो चीफ़ न्यू यार्क-अद्भुत मीडिया

सम्प्रति : (सेवानिवृत्त) सीनियर लाइसेंसड बैंकर, न्यूयार्क

इस संकलन में ग़ज़लें : 13, 14, 16, 17, 18, 19, 20, 22, 23

संपर्क : madhu1300@yahoo.com

मनोज अबोध, भारत

जन्म : अप्रैल 30, 1963, बिजनौर, उत्तर प्रदेश

शिक्षा : बी एससी, एम ए, पत्रकारिता स्नातकोत्तर, आयुर्वेद रत्न, होम्योपैथी।

प्रकाशन : ग़ज़ल संकलन, 'गुलमुहर की छाँव में', 'मेरे भीतर महक रहा है'; दोहा संग्रह, 'यादों का मकरन्द'। संकलन में, 12 ग़ज़ल संकलन, हास्य व्यंग्य कविताएँ संग्रह व गीत-नवगीत संग्रह।

विशेष : आकाशवाणी की विदेश प्रसारण सेवा से 4 देशभक्ति गीतों का गायन।

दायित्व : मुख्य संपादक, मंथन फ़ीचर्स (साप्ताहिक न्यूज़/फीचर); संपादक, शांति

निवास : ई1101-, स्टेलर सिटी होम, सेक्टर ओमिक्रान 3, ग्रेटर नोएडा (उ प्र)

इस संकलन में ग़ज़लें : 6, 13, 17, 20, 22, 23

संपर्क : manojabodh@gmail.com;

मोबाइल : +91 99108 89554

****

ममता किरण, भारत

प्रतिष्ठित कवयित्री, पत्रकार, समाचार वाचिका व कार्यक्रम प्रस्तोता के रूप में रेडियो से अनुबंधित, मंच संचालिका। प्रतिनिधि भारतीय कवि के रूप में अनेकों बार विदेह यात्रा।

प्रकाशन : वृक्ष था हरा भरा (कविता); आंगन का शजर (ग़ज़ल); लोकप्रिय कविताएं : ममता किरण (भारत की पांच कवयित्रियों की श्रृंखला);

विधा : ग़ज़ल, गीत, छंदमुक्त कविता, दोहा, मुक्तक, माहिया, हाईकु आदि;

सम्मान : महादेवी वर्मा सम्मान, भारतीय उच्चायोग लंदन, 'कृति यू के' बर्मिंघम, तथा संसद भवन में 'राष्ट्र भाषा गौरव सम्मान' और सर्वोच्च न्यायालय द्वारा 'कवितायन सम्मान' सहित अनेक सम्मानों से सम्मानित।

इस संकलन में ग़ज़लें : 2, 11, 20, 21, 23, 24

****

ममता वार्ष्णेय, भारत

कवि सम्मेलन मंच संयोजिका, मंच संचालिका, समाज सेविका;

शिक्षा : पी.एच्.डी. (हिंदी साहित्य)

प्रकाशन : साझा संग्रहों में कविताएँ, व्यंग्य, आलेख आदि। देश के अनेकों प्रतिष्ठित अखिल भारतीय कवि सम्मेलनों के मंच से कविता पाठ, देश के लगभग सभी लोकप्रिय चैनलों पर कविता पाठ।

साहित्यिक सम्मान : माँ हँसवाहिनी गौरव सम्मान, सुरभि सम्मान, साहित्यिक प्रतिभा सम्मान, साहित्य रत्न आदि।

संकलन में ग़ज़लें : 14, 20, 22

संपर्क : MAMTAV1064@GMAIL.COM;

मोबाइल : +91 51605 94127

****

महबूब सोनालिया, भारत

जन्म : मार्च 27, 1987; शिहोर, गुजरात

शिक्षा : एम. कॉम. और बीमा में फेलोशिप

प्रकाशन : उपन्यास – 'लव मैरिज', 'द एक्सीडेंट', 'धर्माधरन', 'डेस्टिनी'; ग़ज़ल संग्रह, हिन्दी - 'इतना आसां भी नहीं', गुजराती - 'अभाव बोले छे'

विधा : उपन्यास, लघुकथा, कहानियाँ, नज़्म, गीत, ग़ज़ल, सॉनेट, अछन्दस कविता, दोहे, कत'आ आदि, हिंदी, गुजराती, उर्दू और अंग्रेजी भाषाओं में।

सम्प्रति : सूरत, गुजरात; एल आई सी ऑफ़ इंडिया में 14 साल से कार्यरत

इस संकलन में ग़ज़लें : 11, 14, 19, 20

****

राजेंद्र निगम 'राज', भारत

पूर्व-वरिष्ठ प्रबन्धक, पंजाब नैशनल बैंक।

वर्ल्ड बुक ऑफ रिकार्ड अवार्डी; 'हरियाणा राज्य राइफल शूटिंग' 2021, (वेटरन) में स्वर्ण पदक।

प्रकाशन : कविता संग्रह 'तुम्हारे नाम की कविता' (वर्ल्ड बुक ऑफ रिकार्ड); ग़ज़ल संग्रह 'लापता है आदमी'

विशेष : संस्थापक अध्यक्ष, परम्परा संस्था, गुरुग्राम, राष्ट्रीय उपाध्यक्ष, वरिष्ठ नागरिक काव्य मंच; अनेकानेक राष्ट्रीय/अंतरराष्ट्रीय पुरस्कार

सम्पर्क : जे 1214, प्रथम तल, पालम विहार, गुरुग्राम (हरियाणा)

इस संकलन में ग़ज़लें : 14, 15, 22, 23, 25

संपर्क : rajn1984ma@gmail.com;

मोबाइल : +91 11529 93124

****

राम प्रकाश यती, भारत

जन्म : जून 197 ,10

निवास : ग्राम, छिब्बी; जनपद, बलिया (उ. प्र.)

व्यवसाय : कृषि

अभिरुचि : ग़ज़ल लेखन

प्रकाशन : ग़ज़ल संकलन, 'एक शे'र अर्ज़ किया है' शताब्दी संकलन। 'एक शे'र अर्ज़ किया है' एक ऐसा मंच है जो हमें प्रति सप्ताह न्यूनतम दो ग़ज़लें कहने का न केवल सु-अवसर प्रदान करता है वरन विशिष्ट व अनुभवी साहित्यकार गण का वो सानिध्य भी प्रदान करता है जो अन्यत्र दुर्लभ है। इस मंच से जुड़ा व्यक्ति अगर लेश-मात्र भी साहित्य में रूचि रखता है तो उसका परिपक्व रचनाकार बनना तय है।

इस संकलन में ग़ज़लें : 1, 2, 3, 5, 6, 7, 8, 9, 10, 11, 12, 14

****

रेणु हुसैन, भारत

पेशे से सरकारी स्कूल आर.के.पुरम से.१३ सर्वोदय विद्यालय में अंग्रेजी की शिक्षिका हैं।

प्रकाशन : कविता संग्रह - 'पानी प्यार, 'जैसे' और 'घर की औरतें और चाँद'; कहानी संग्रह', 'गुण्टी' रेणु हुसैन जी एक कवियित्री हैं, और उन की कविताओं में वेदना, संवेदना और समरसता की झलक साफ दिखाई देती है। उनकी रचनाओं के विषय-वस्तु मुख्यत: हैं; प्रेम, रिश्ते यानि कि माँ पिता सासु माँ ,घर के अनेक संदर्भ और यात्राएँ इत्यादि।

आदर्श शिक्षिका और संवेदनशील कवियित्री श्रीमती रेणु हुसैन अनेकों गैर-सरकारी संगठनों के माध्यम से समाज सेवा में लगी हुई हैं।

इस संकलन में ग़ज़लें : 9, 14, 20, 21, 22, 23, 25

****

लक्ष्मी शंकर वाजपेई, भारत

कवि, लेखक, कमेंटेटर, मीडिया विशेषज्ञ, स्तंभ लेखक, संपादक।

दुष्यंत कुमार द्वारा स्थापित हिंदी ग़ज़ल को आगे बढ़ाने वाले प्रमुख कवियों में, 30 से अधिक काव्य विधाओं में रचनाकर्म, वेनेजुएला में विश्व कविता महोत्सव में भारत से एकमात्र कवि प्रतिनिधि, भारतीय कवि के रूप में एक दर्जन देशों में कविता पाठ, कविताओं के अनुवाद एक दर्जन से अधिक देशी विदेशी भाषाओं में, साहित्य अकादमी के संचयन में ग़ज़लें, बाल कविताएं शामिल।

सम्मान : लंदन में अंतरराष्ट्रीय वातायन कविता सम्मान, भारत सरकार के गृह मंत्रालय, सूचना प्रसारण मंत्रालय, भारतीय उच्चायोग लन्दन द्वारा सम्मान सहित कई दर्जन सम्मान।

इस संकलन में ग़ज़लें : 6, 8, 11, 12, 14, 16, 17, 21, 22, 23, 24, 25

****

विनिता तिवारी, अमेरिका

जन्म स्थान : राजस्थान, भारत

शिक्षा : बी.एससी, बी. एड.; कम्प्यूटर में डिप्लोमा

प्रकाशन : विभिन्न पत्र-पत्रिकाओं में रचनाएँ प्रकाशित।

रुचि : लेखन के अतिरिक्त शास्त्रीय संगीत एवं नृत्य में अभिरुचि। स्वयं की एवं अन्य रचनाकारों की लिखी ग़ज़लों, नज़्मों को लयबद्ध कर अपनी आवाज़ में प्रस्तुत करना

सम्प्रति : वर्जीनिया, अमेरिका में निवास; शिक्षण में कार्यरत

इस संकलन में ग़ज़लें : 14, 20, 25

संपर्क : vinu_t@hotmail.com

****

शिव मोहन सिंह, किर्गिज़स्तान

जन्म स्थान : उत्तर प्रदेश,

शैक्षिक योग्यता : परास्नातक (रसायन शास्त्र)

द्वितीय सचिव (प्रशासन, भारतीय तकनीकी व आर्थिक सहयोग / वाणिज्यिक एवम् आर्थिक मुद्दे), बिश्केक, किर्गिज़स्तान

प्रकाशन : 'एक शे'र अर्ज़ किया है' ग़ज़ल संकलन।

साहित्यिक उपलब्धियां : भारतीय राजदूतावास, अल्जीयर्स में चार साल Cultural Attach के पद पर कार्य किया। कई पुस्तकों के लिए आलेख लिखे। दो वृत्त चित्रों में भी योगदान दिया। कई मुशायरों और कवि सम्मेलनों में प्रतिभाग और कई काव्य मंचों का संचालन। 2022 में विश्व रंग नीदरलैंड्स की अध्यक्षता।

इस संकलन में ग़ज़लें : 8, 9, 11, 16, 20

****

सज्जाद अख़्तर, भारत

जन्म : बिजनौर, उत्तर प्रदेश

शिक्षा : स्नातकोत्तर (कंप्यूटर विज्ञान), अलीगढ़ मुस्लिम विश्वविद्यालय

प्रकाशन : ग़ज़ल संग्रह 'तुख़्मे आरज़ू' और 'गुल-ए-उम्मीद', 'एक शे'र अर्ज़ किया है' ग़ज़ल संकलन।

विधा : हिन्दी कविता, गीत, ग़ज़ल, नज़्म, हिन्दी और उर्दू भाषा में।

सम्प्रति : निवास नई दिल्ली; नई दिल्ली में भारत सरकार के इलेक्ट्रोनिकी एवं सूचना प्रौद्योगिकी मंत्रालय के एक उपक्रम में महाप्रबंधक।

इस संकलन में ग़ज़लें : 2, 5, 8, 9, 10, 11, 15, 16, 19, 20, 21, 22, 24

संपर्क : SAJJAD.NIC@GMAIL.COM

****

सुरेंद्र कौशिक 'निर्मोही', अमेरिका

जन्म : दिसंबर 1, रोहतक, हरियाणा, भारत

शिक्षा : पी.एच.डी. कैमिस्ट्री, आई.आई.टी. दिल्ली

प्रकाशन : साझा काव्य संग्रह - 'मन की तुरपाई', 'काव्य संसार', 'इंकलाब' साझा काव्य संग्रह'; अमर उजाला में 'गज़ल संग्रह'।

रूचि : साहित्य, शास्त्रीय संगीत, टेनिस, स्क्वाश।

कार्यरत : डायरेक्टर, ई.पी.ए., नॉर्थ कैरोलीना, अमेरिका

सम्मान : 'श्री रामधारी सिंह दिनकर सम्मान'

निवास : कैरी, नार्थ कैरोलाइना, अमेरिका

इस संकलन में ग़ज़लें : 3, 5, 6, 7, 13, 18, 19, 20, 21, 22, 25

संपर्क : मोबाइल : +1 8128 888 919, +1 6380 342 919

****

सुषमा मल्होत्रा, न्यू यॉर्क

शिक्षा : एम. ए. (इंग्लिश), एम. एड., एम. एस. सी. (एजुकेशन) सिटी यूनिवर्सिटी, न्यू यार्क

प्रकाशन : 'अंजुलि भर पुष्प', 'मैं तुम और एक डगर', 'क्लोज टू माई हार्ट', साँझा **संकलन :** 'ए वतन', 'हिंदुस्तान हमारा', 'साँझा कहानी संग्रह' और 'एक शे'र अर्ज़ किया है' शताब्दी संकलन

विशेष : संस्थापक, निर्मल रोशन साहित्यिक मंच, न्यू यॉर्क, संस्थापक; अखिल विश्व हिंदी समिति न्यू यॉर्क, उपाध्यक्ष

सम्प्रति : सहायक व्याख्याता, सिटी यूनिवर्सिटी, न्यू यार्क

इस संकलन में ग़ज़लें : 18, 23

संपर्क : ई-मेल - sushmam626@gmail.com;

फ़ोन : +1 718 640 5259

शामिल शायरों के विचार

भारत देश के लोग तो प्राथमिकता में हैं ही, विदेश की धरती से भी समृद्ध एवम् ज़हीन शायरों की ग़ज़लों को इकट्ठा कर चुनिंदा संकलन की शायद यह पहली किताब होगी जिसे ख़ुशरंग मिज़ाज और मुहब्बत से सराबोर, सहज, सरल और आकर्षक व्यक्तिव के धनी अशोक सिंह ने बिना किसी शर्त और स्वार्थ के छापने का बीड़ा उठाया है। कौन आज इतनी ज़हमत उठाता है दूसरों के लिए। 'पर हित सरिस धरम नहिं भाई' के दिन हवा हुए।

दरअसल शायर सच्चा वही है जिसका दिल दूसरों के हित के लिए धड़कता हो।मुझे ख़ुशी है की हमारे बीच एक लोक-हिताय शायर ऐसा भी है जो हम सब को अपनी यादों में संजो कर एक किताब की शक्ल में पूरे विश्व में प्रस्तुत करने का माद्दा रखता है। अमेरिका, कनाडा, आस्ट्रेलिया, यूरोप, मलेशिया जैसे तमाम देशों के उत्कृष्ट शायरों की चुनिंदा गजलों का चयन करके एक माला में पिरोना उनका सगल रहा है।

'एक शे'र अर्ज़ किया है' के 100 कार्यक्रम पूरे होते ही पहला संकलन आया था, जिसकी सराहना पूरी दुनिया में की गई। अब 100 और कार्यक्रम होने के बाद, यानि कि 200वें कार्यक्रम के पूरा होने पर, संकलन-संपादन का अशोक सिंह का यह दूसरा प्रयास है, इस बार चुने हुए शायरों की एक ही मिसरे पर कही गई ग़ज़लें, एक साथ आपको पढ़ने को मिलेगी।

इस नि:स्वार्थ और सर्व-हिताय प्रयास की सराहना करते हुए, संकलन-200 का बेताबी से इंतज़ार है।

—अमर त्रिपाठी,
मुंबई, भारत

यूँ तो जब से सोच का जनम हुआ, हर क्षेत्र में अनगिनत विकास हुआ पर जब से इंसान का कला से परिचय हुआ, कल्पना की उड़ान की कोई सीमा नहीं रही। साहित्य के विकास के साथ लेखन और उसके प्रचार-प्रसार में भी कई प्रयोग हुए।

ऐसे ही पिछले 200 हफ़्तों से ग़ज़ल के क्षेत्र में भी एक अनूठा प्रयोग चल रहा है श्रीमान अशोक सिंह जी द्वारा संयोजित साप्ताहिक मुशायरे 'एक शे'र अर्ज़ किया है' के कार्यक्रम द्वारा, जो आज भी निरंतर जारी है, ईश्वर और साहित्य प्रेमियों की जब तक सक्रियता रहेगी, ये प्रयोग जारी रहेगा।

ये पुस्तक भी अपने आप में एक प्रयोग है, एक ही बहर और मिसरे पर अलग अलग शायरों की श्रेष्ठ ग़ज़लों का संकलन, उम्मीद है आपको चकित कर देने वाला संस्करण होने वाला है ये, कैसे-कैसे और कहाँ-कहाँ तक एक बह्र और मिसरे की बंदिश के साथ एक शायर उड़ान भर सकता है, आपको इस किताब में मिलने वाला है।

—अमर त्रिपाठी

साहित्य संपादक, स्वतंत्र जनसमाचर, मुंबई, भारत

दिगम्बर नासवा, क्वालालम्पोर, मलेशिया

****

पूनम माटिया : 'एक शे'र अर्ज़ किया है' संकलन-200

लगभग चार बरस पूरे होने को हैं 'एक शे'र अर्ज़ किया है' पटल द्वारा आयोजित साप्ताहिक मुशायरों के सिलसिले को। पटल पर कहे और पढ़े गये गीत, ग़ज़लों, कविताओं में चुनिंदा रचनाओं के साथ एक संकलन आ चुका है। बहुत ख़ुशी है कि एक तवील सफ़र तय करते हुए अब हम उस महत्त्वपूर्ण पड़ाव पर आ पहुँचे हैं जहाँ एक नये ग़ज़ल-संस्करण की सरगोशियाँ महसूस हो रहीं हैं जिसमें बहुराष्ट्रीय ग़ज़लगो शामिल हो रहें अपनी तरही ग़ज़लों के साथ।

समूह में मिले 'तरही' मिसरे उस मरकज़ी कंकर के समान होते हैं जो समुद्र, नदी , तालाब या पोखर किसी के भी शांत जल में लहरों, तरंगों का एक सिलसिला छेड़ देता है जो गिरह के शे'र के साथ-साथ मुकम्मल ग़ज़ल बनके उभर आता है।

बस यही तरही मिसरे 'एक शे'र अर्ज़ किया है' समूह में सभी अदबी फ़नकारों को गुदगुदाते हैं, उकसाते हैं ग़ज़ल कहने को। ग्रुप में शे'र झरने की तरह झड़ने लगते हैं और दाद ओ तहसीन से नवाज़े जाते हैं। सभी बड़े मन से हल्के-फुल्के माहौल में ग़ज़ल कहते हुए, नये कहने वालों के लिए प्रेरणा स्रोत बनते कभी कभी इस्लाह भी करते हैं। यूँ एक लंबी फ़ेहरिस्त तैयार हो जाती है तरही ग़ज़लों की।

मैं ख़ुशनसीब हूँ कि प्रथम संकलन के बाद अब दूसरे संकलन में भी कुछ ग़ज़लें शामिल हो पायेंगी। बहुत-बहुत बधाई और शुभकामनाएं।

नये संकलन की प्रतीक्षा में..,

—डॉ. पूनम माटिया
अध्यक्ष, अंतस्,
दिल्ली, भारत

****

प्रगीत कुँअर : 'एक शे'र अर्ज़ किया है' संकलन-200

'एक शे'र अर्ज़ किया है' एक विद्यालय है जिसमें हम जैसी नई लेखनी को साहित्य ऋषियों के बीच बैठने का और ग़ज़ल की बारीकियों को सीखने का अवसर मिलता है। हर सप्ताह हम सभी को नए दो मिसरों की प्रतीक्षा इस बेताबी से होती है जैसे कक्षा में किसी प्रश्नपत्र की होती है। इसी तरह हर शनिवार की कार्यशाला की प्रतीक्षा भी रहती है जब अपनी उत्तर पुस्तिका के साथ हम सब एक मंच पर उपस्थित हो सकें और साहित्य ऋषियों के अनुभवी मार्गदर्शन में अपनी लेखनी को पैना कर सकें।

अब 'एक शे'र अर्ज़ किया है' एक वृहद् परिवार का रूप ले चुका है जिसमें दुनिया के हर कोने से परिवार के सदस्य एक दूसरे से मिलते हैं। एक सौहार्दपूर्ण वातावरण में सबसे मिलना पूरे सप्ताह की थकावट को दूर करने का एक अच्छा माध्यम बन चुका है। इस दूसरे संकलन के माध्यम से 'एक शे'र अर्ज़ किया है' एक नया इतिहास रचने को है जिसके लिए मेरी ओर से हम सभी को बहुत-बहुत बधाई एवं शुभकामनाएँ।

—प्रगीत कुँअर, सिडनी, ऑस्ट्रेलिया

प्रज्ञा त्रिवेदी : 'एक शे'र अर्ज़ किया है' संकलन-200

'एक शे'र अर्ज़ किया है' आभासी पटल के मुशायरे का इतना सफल होना और इसके दो भाग प्रकाशित भी हो जाना बेहद सुखद है। इसके माध्यम से ग़ज़लों के नवोदित शायरों को न केवल उदार मंच मिला बल्कि स्थापित शायरों का मार्गदर्शन भी। ये एक अनूठा प्रयोग है जहाँ हर हफ़्ते मिसरों पर कही गई ग़ज़लें क़िताब के रूप में आज पाठकों के बीच हैं। मुशायरे के दो सौवें पड़ाव तक का अनुभव अलहदा रहा। मिसरों के आने की उत्सुकता, ग़ज़लों का गढ़ना, मुशायरे में शिरक़त और ये प्रकाशन, ये अभूतपूर्व अनुभव है।

—**प्रज्ञा त्रिवेदी,** रायपुर, भारत

****

भावना कुँअर : 'एक शे'र अर्ज़ किया है' संकलन-200

बिखरते परिवार, टूटते रिश्तों और नफ़रत भरी इस दुनिया में जब कोई भी व्यक्ति बिखर जाए तो इस 'एक शे'र अर्ज़ किया है' परिवार में आ जाना, ये गारंटी है कि आपका बिखराव, आपका टूटना, ये परिवार इस तरह जोड़ेगा कि आप इस परिवार के प्रेम में डूबकर अपने दुःख, दर्द सब भूल जाएँगे ये मैं अपने अनुभव से कह रही हूँ।

'एक शे'र अर्ज़ किया है' के शताब्दी संकलन के बाद, 'एक शे'र अर्ज़ किया है' : संकलन-200 का आना हम सबके लिए बहुत ही गर्व की बात है। इस पुस्तक में तरही मिसरों पर इतने शायरों का ग़ज़ल लिखना ये बहुत ही अनोखा प्रयोग है। यह पुस्तक समर्पण, ऊर्जा और अथक प्रयासों का एक सजीव उदाहरण है।

मुझे पूरा विश्वास है कि ये पुस्तक निश्चित रूप से साहित्य जगत में अपना अलग ही आयाम हासिल करेगी और नए रचनाकारों को लेखन की प्रेरणा भी देगी। सभी को मेरी हार्दिक शुभकामनाएँ,

—**डॉ. भावना कुँअर,** ऑस्ट्रेलिया

संपादक-ऑस्ट्रेलियांचल- साहित्यिक हिंदी ई-पत्रिका